中国に世界は激怒している

「コロナ外交」でわかった火事場泥棒戦略の正体

渡邉哲也　宮崎正弘
石平　ケント・ギルバート　他

宝島社

はじめに

2020年7月1日から、香港は大きく変わってしまった。香港国家安全維持法が施行されたのだ。香港から完全に自由が失われた。一国二制度も破壊された。

もう、香港人は政府を批判することができないのだ。私たち日本人は、そのことにあまりピンと来ていないだろう。自由で民主主義が当たり前の世界に生きている私たちは、せいぜい「忖度」などという甘ったるい言葉で、政府や官僚を批判するだけだ。

香港の人たちは、強制的に言葉を奪われたのだ。その違いがわかるだろうか。

この本では、最初に香港の人々の声を載せた。それを読んでほしい。そして、香港の人々が置かれた状況を想像してほしい。その香港にあなたがいたらどうするか。

アメリカ大統領のトランプはいち早く批判の声をあげ、中国に制裁の措置をとろうとしている。ツイッターの言動が下品で、多くの政敵をこき下ろす言葉は眉を顰《ひそ》めざるをえないが、それでも、中国のように、政府批判をする人たちを拘束し、逮捕し、拷問し、死に至らせることはない。

バイデンが、ヒラリーが、サンダースが、拷問にあったという話は聞いたことがない。それが民主主義であり、自由社会の素晴らしさである。

警官に黒人の男性が殺されたように、確かにアメリカにも問題がある。それに目をつぶる必要はない。しかし、中国が香港にとった措置は、とうてい、大国がやるべき行為ではない。

香港国家安全維持法に反対の声をあげるかどうかが、現代人の試金石であると編集部は考えている。

もし、人権を叫ぶ人がいたら、もし、少数者の声を大切にしようという人がいたら、聞いてほしい。「あなたは香港国家安全維持法に反対ですか。もし反対なら、その声を中国共産党にとどけませんか」と。

それにすかさず、「はい」と答えられない人権派はすべて偽物である。中国に「忖度」しているか、まったく世界を知らないバカ者である。

この本は、中国の悪辣非道を徹底的に批判する本である。中国は100年前の悪夢を世界に呼び覚ました。スペイン風邪以上になるかもしれない新型コロナウイルスを世界にばらまいた。

そして、いま、人類が100年以上かけて、大きな犠牲を払って築いてきた民主主義と自由を破壊しようとしている。そして、スターリンが、毛沢東が、ポル・ポトがやった独裁を再び復活しようとしている。

それを、大げさだと笑ってはいけない。いま、香港人はそのような状態にあるのだ。それは次の台湾、次の沖縄、次の日本かもしれない。いまこそ、中国の間違いを暴かなければならない。

本書では12人の識者に、中国について書いていただき、話を聞いた。しっかり読んでいただきたい。

編集部

中国に世界は激怒している　目次

第二章

中国の火事場泥棒戦略

中華思想は変わらない！
とても危険な習近平の中国……………242
インタビュー／井沢元彦（作家・歴史家）
チベットの民俗信仰まで歪めた中国／共産党の正当性を担保する嘘をつき続ける／朝貢関係にあった韓国に領土を主張する根拠はあるが……／漢語の多くは日本人の西周らが作った／朱子学を根っこに持つ共産主義に人間の平等はない／下放を経験した習近平に民主主義の選択は無理／唯一の希望は海外で学んだ学生たち

編集／上尾茶子、小林大作、森岡知範
本文デザイン・DTP／株式会社ユニオンワークス

第一章

中国に激怒する国々

7月1日、全く違う香港になった！国安法に怒る香港人の声を聞け

突如施行された国安法。これに香港人たちは、どう立ち向かおうとしているのか。

福島香織（ジャーナリスト）

一国二制度は50年続く約束だったはずだ

「2020年6月30日の日めくりカレンダーをめくると、次のページは2047年7月1日だったよ」。香港の介護付き老人ホームで生活しながら今なおコラムニストとして健筆をふるうジャーナリスト、李怡《りーいー》さん（84歳）は、香港国家安全維持法（香港国安法）が施行されたことについて、こんなふうに語った。「7月1日の前と後で、全く違う香港になってしまった」と。

李怡さんとは私が香港に駐在していた2001年ころからの付き合い。1967年の「六七暴動」への共感と反国民党独裁の立場から、左派雑誌「七十年代」を発行し、80年

代に入ってからは、反共産党となって民主化希求の思いを込めた「九十年代」を発行してきた。

左から右へと転向したように見えるが、彼の立場は一貫して、外部の権力に翻弄される運命の香港人の人権と自由と法治を守ろうとする、まさに香港の価値観を体現したジャーナリストだ。カナダ国籍を持っているが、長年連れ添った妻に先立たれたあとは、香港に骨をうずめるつもりで、香港の介護付き高齢者用マンションを購入した。

だがその思考と筆致は衰えることなく、「蘋果日報《ひんか》」のコラムをはじめさまざまな媒体で文章を発表し続けている。日本でも今年（2020年）3月に『香港はなぜ戦っているのか』（草思社）を上梓した。そんな香港の激動の歴史の中で生き抜いてきた老ジャーナリストの目に、今の香港はどのように映っているのか、聞いてみたくて、久しぶりにメールしてみたのだ。すると、かなり長い返事がきた。そのメールの行間に、怒りと不安と諦観とがないまぜになった、行き場のない感情がにじんでいた。

法律の中身もわからないまま制定された

香港国安法は、5月28－30日の中国の全人代（全国人民代表大会）の開幕数日前にいきなり、全人代の議題として発表され、その法律の中身さえわからない間に導入が決められ、香港人も香港立法会（議会）もノータッチのまま、条文が制定された。

6月30日午後11時に施行されてのち、ようやく法律の全条文が公開された。その5日後に、英語訳も発表されたが、なんと30日に発表された中国語の法律の条文と、厳密には文言が違う部分もある、きわめて粗雑で乱暴な法律だった。内容は、①国家分裂・統一破壊、②国家政権転覆、③テロ行為、④外国との結託による国家安全への危害、以上4つの言動を犯罪として取り締まるというもの。適用範囲は広く外国人も対象であり、また香港以外の場所における言動、あるいは海外で発生した案件も対象になる。

たとえば、台湾独立やチベット独立に関する言動も国家分裂の罪になりうるし、それが香港以外の場所である日本や米国で行われた言動であっても対象になりうる、という。特定の条件下では中央の出先機関の国家安全維持公署が管轄権を持ち、量刑も最高無期懲役と非常に厳しい。また、暴力行為などいっさい伴わない言論だけでも国家分裂や国家政権転覆という厳しい罪に問うこともできるのが、この法律の特徴だ。

実際施行第一日目の7月1日には、「香港独立」の旗を掲げている男性を逮捕し、デモ参加者に「掲げている横断幕やシュプレヒコールが国安法違反になり、逮捕・起訴される可能性がある」と警察は警告するパープルフラッグを新たに用意した。後に、この「香港独立」の前に「不要」（NO）という言葉が小さく書き込まれていることがわかったが、これが果たして起訴に持ち込まれたのかは、この原稿の執筆時点では不明だ。「光復香港、時代革命」のフレーズを言ったり掲げたりするだけで国安法違反となり、皆がデモの時に口ずさんでいた「香港に再び栄光あれ」の歌の歌詞も、国安法違反として取り締まり対象となる。図書館では『香港城邦論』（陳雲著）など、香港本土派の思想を解説した書籍など少なくとも9種の本が禁書扱いとなって書架から撤去された。法治国家を名乗る国で、言葉だけで刑事犯罪に問われる国がほかにあるだろうか。

とにかく中国共産党に批判的な言動の人間を片っ端から捕まえてやろうという意図でつくられた法律といえる。

狙いは民主派弾圧と声の封じ込め、そして逮捕

香港は1997年に英国から中国にその統治権を移譲されたのだが、その時の中英間の取り決めでは、香港は一国二制度というシステムによって2047年までの50年間、高度な自治が維持されるはずだった。

もちろん、その時に決められた香港基本法では、適切な時期に香港自身が「国家安全条例」という中国に対する謀反罪などを取り締まる法律を制定することはできるという規定がある（23条）。だが、その場合は、法案が立法会に提出され、市民からのパブリックコ

メント、専門家委員会による提言などを踏まえて、立法会で慎重に、少なくとも3度の審議を経て可決されるものだ。

それを香港議会がまったく関与できずに、施行後に条文を公開するという極めて一方的な形で、多くの香港市民の人生を左右しかねないような法律が押しつけられたのである。

中国・習近平政権としては2019年に盛り上がった香港の逃亡犯条例改正反対デモが、反中大規模デモに発展し、香港区議選の民主派圧勝という結果に結びついただけでなく、台湾の蔡英文総統二期目の当選をもたらしたことに、心底焦っていたということだろう。

この勢いでは2020年9月6日予定されている香港立法会選挙でも民主派が過半数議席を取りかねない。それを阻止するためにも、香港の反中言論やデモを徹底的に鎮圧し、取り締まらねばならないと考えたのだ。これは香港の法治が破壊された、だけの問題ではない。「一国二制度」といった国際上の約束がいとも簡単に反故《ほご》にされたという意味では、今の国際社会の秩序と枠組みに対する中国の宣戦布告、と受け取るべきだろう。

香港人を恫喝し、おびえさせ、屈服させる法律

この法律によって香港の法治と自由が完全に失われ、国際金融センター、フリーポートとしての香港の機能は消滅し、人権が蹂躙されるという事態になった。香港の恩恵を受け

ていた国際社会も中国の暴挙に怒り心頭である。だが、香港人にとっては、怒りだけではなく、切実に今後の生活不安の問題があり、そこに恐怖の影がさしている。

李怡は言う。「そもそも、法律なんてなくても、今の中国は香港に対してなんだってできる。ならば、なぜこんな法律をいきなり作ったのか？　それは寒蟬効果（うるさく鳴いていた蟬を一斉に黙らせるような恫喝効果）だ」「香港人の頭の上に、鋭い剣をかざし、震えおびえさせる効果がある」「だから民主派の予備選挙（7月11－12日）の時も、候補者たちはだれもはっきりとは国安法を批判できなかった。（反共的な言論で知られる）『蘋果日報』への寄稿を作家たちは相次いでやめている」「法治社会で暮らすことに慣れている香港人は、この国安法を見て恐れおののき、おびえ、関わりたくないと思っている」。

かつてデモ隊を支持し、雨傘運動時から続く自由のシンボルカラーの「黄色」に色分けされていた飲食店や店舗は、急にデモへの支持表明のために掲げていたスローガンやポスターをはがし始めた。記者も政治家も官僚も、国安法についてあまり発言しないように、注意深くなった。用心深い市民は、カバンの中に「五星紅旗」を忍ばせて、警察の尋問を受けたときに、自分が「愛国者」であるようなふりを装って身を守ろうとしている。

では李怡自身は、なにか仕事に対する仕方やライフスタイルが変わったのだろうか。

「私の書く文章は、ただ自分の見解を書いているだけだ。読む人にどのような感情をもたらすか、それは知るすべがない。（法律では、香港市民の中央政府・香港政府への憎悪を引き起こす言論も国家政権転覆罪に相当するとあるが）、私が書いたものが、そのような憎悪を引き起こすのかは、わからない。だから、（読者の反応によって）書いた人間が法に違反したとされても困るよ」

「そんな時は、だからサルマン・ラシュディ（『悪魔の詩』の作者でホメイニ師から殺害予告された英国在住作家）の言葉を思い出すんだ。『どのようすればテロリズム（恐怖主義）に打ち勝てるか？　それは脅されたままでいないこと、恐懼《きょうく》に支配されないこと、たとえ恐ろしくても』」「恐懼に支配されることは自由を放棄することだ、と自分に言い聞かせているんだ」。李怡からみれば今回の立法こそがテロリズムなのだ。テロに支配されないために、恐れない、それだけだ。「もちろん怖くない、といったらウソになるけどね」。

李怡はカナダと米国に成人した子供たちがいる。「香港を脱出するつもりなら、とっくに移民している。去年の『反送中』デモが始まってから、私は毎日、コラムを発表しているんだ。これは時勢に感情が引きずられた結果の選択だ。……書き続ければ、恐懼に支配されることもないし、書き続けられる間は自由でいられるからね。街頭デモに出るには、この年では無理だから、せめて書き続けようと」。

でも、香港が光を取り戻す日を待つには、私は年をとりすぎているな、という最後の言

反体制的な言葉を書けば即逮捕されるため、白い紙で抗議の意思を示す香港の人々（2020年7月3日、写真：ロイター/アフロ）

葉にはわずかな諦観が漂っていた。

国際線戦で戦う決意を固めた元立法会議員の思い

老ジャーナリストが国安法の下の香港で書き続ける選択をした一方、香港自決を掲げて活動していた政治団体デモシスト（すでに解散）の創設者の一人で、比較的若い元立法会議員の羅《ら》冠聰《かんそう》（ネイサン・ロー、27歳）は、国安法施行直前に香港を脱出し、今はロンドンにいる。彼にも電話でコメントを寄せてもらった。彼は本当ならば9月6日の立法会選挙に出馬するはずだった。香港脱出の苦渋の決断について、羅冠聰は言う。

「国安法は簡単に言えば、『一国二制度の

死』だ。（中央政府の出先機関の）国家安全維持公署の設立は秘密警察の香港導入で、中央政府に不満を持っているだけで、国安法違反として逮捕し、尋問するための機関だ。しかも、この尋問には何の定義もなく、どの程度の尋問が行われるかも明らかにされておらず、香港の法律以上の権力を持っている。……これはもう、香港市民の安全、言論の自由、その他のさまざまな自由に大きな脅威をもたらすことで、香港の全政治システムにとっての厄災だといえる」

「私は香港を熱愛している。生まれ育った香港を離れて、友達とも別れることは、家人と自分にとって非常に苦痛に満ちた決断だった。だが、国際戦線上で私には役割がある。国際社会が私の声を認識し、受け入れ、共感してくれることは必ず香港人のための声になるし、私はその責任を背負う覚悟だ」

香港に居続けて出馬資格を奪われ、政治犯として投獄されて、発言できなくなるくらいなら、国外にいったん身を引いて国際社会を動かす声を上げることのほうが香港のためになると判断したわけだ。「立法会選挙に出られないことは悔しい。だが国際戦線、街頭戦線、そして香港の議会戦線はどれ一つ欠くことはできない。私は自分が国際戦線で影響力を発揮できると信じている」。

英国は元統治国の責任感から香港市民にBNO（在外英国市民）パスポート発行の条件

を緩和し、新たに300万人以上の香港市民に発行し英国移住も認めるという。英国移住する香港人は今後5年で20万人という推計を「フィナンシャル・タイムズ」が報じている。

だが、羅冠聰についていえば、たとえ英国に移住しても安堵の日はない。英国にも中国の秘密警察が入り込んでいる。「英国に来てからも、外出するときは用心して、周りに不審者がいないか確認している。基本的に一定期間したら引っ越すことにしている」「これからの生活は変数と不確定性が大きい。現段階ではとにかく国際戦線で声を上げることを中心に努力していきたい。まずは、多くの国が香港との犯罪人に引き渡し協定を撤回するように働きかけていきたい」と語っていた。

香港に残って戦うことを決めたデモシストメンバー

一方、同じデモシストのメンバーで、香港に残って戦うことを選んだ黄之鋒《こうしほう》（ジョシュア・ウォン、24歳）からもコメントをもらった。

彼は7月11－12日に行われた立法会に向けた民主派の予備選挙にも出馬した。この予備選挙は、民主派人士、学者らによる民間組織「民主動力」が行った民間の非公式選挙だが、登録有権者の14％にあたる61万人もの市民が実際に投票した。

この選挙の目的は、9月の立法会選挙で70議席のうちの過半数を民主派・本土派候補が取るために、直接選挙区で票を食い合わないように候補者を絞りこむことが一つ。立法会選挙は五つの選挙区で直接選挙（比例代表）が行われ35議席が選出される。

そして職能枠といわれる決まった職業界から出馬した候補を決まった職業界の有権者の投票で選出する議席が35議席。この職能枠のうちの5議席が区議枠とされ、他の職能枠で投票権を持たない全市民からの投票で選ばれる。

職能枠はほとんど親中派が勝つ仕組みになっている。だが今年は区議枠で民主派が有利となっており、比例代表での直接選挙区で30議席以上を取れば、過半数議席を取る可能性はゼロではない。ただ民主派・本土派は少数政党が乱立し、無所属の候補も多いので、政党得票数で争う比例代表は調整が重要なのだ。

同時に、国安法によって、中国が気に入らない民主派・本土派候補の出馬資格が取り消される可能性があるなか、民主派・本土派候補が市民の支持を確かに得ていることを可視化し、国安法による立法会選挙の妨害を牽制する狙いもあった。

この選挙行動を、香港政府および中国は、「議席の過半数取って香港政府予算案を否決し、政府機能をマヒさせる狙いがある」として、全く意味不明な理屈で国安法違反の疑いがあるとしている。

黄之鋒はその予備選挙で九龍東区から出馬し、最多得票を得た。彼の立法会選挙出馬は、当局から許可されない可能性が高いが、有権者から高い支持があることは可視化された。

黄之鋒は国安法違反で逮捕される可能性が極めて高い一人だ。「ＴＩＭＥ」誌の表紙を飾り国際社会からも注目される彼なら、海外移住して国際社会でも運動は続けられるだろう。だが移民の可能性を問うと「香港に残る。みんなと一緒に北京の圧力に向き合う」ときっぱりと答えた。

「国安法の恐ろしさは、香港人が（逮捕後）〝中国に引き渡される〟可能性があること。中国本土で裁判にかけられ、何年も監禁され、投獄され、死ぬまで出てこられないこともあるという恐怖がある。中国に引き渡されたり、終身刑になったりすると思えば、誰だって、普通の民主化運動に身を投じるのにも躊躇する。これが香港に対し、非常に大きな影響を与えている。白色テロの恐怖によって、香港を覆い、私たち香港人の抵抗の意思を消滅させようとしているんだ」

だからこそ、香港人の勇気を保つためにも、黄之鋒としては香港を離れられないのだろう。彼は２０１７年8月30日にすでに「警察署の周りを囲め」とデモ隊を煽動したという罪で逮捕・起訴され、公判が始まっている。黄之鋒は起訴事実を否認し続け、徹底抗戦の構えだ。「立法会選挙で民主派が過半数議席を取るという希望を信じている。たとえ現段階で不確定要素に満ちているとしても、いちばん重要なのは、香港人がまだ投降していないということを全世界に見せることだ」と言う。

国安法はトランプ大統領だって逮捕できてしまう

2019年の「反送中」デモの中から誕生した「素人政治家」を自認する張可森（26歳）もコメントをくれた。彼は昨年11月の区議選で区議に当選し、今年9月の立法会選挙に立候補する意思を固めている。張可森はこの法律について「こんなあいまいで範囲の大きすぎる法律は、誰にでも適用できてしまう。その気があれば、トランプ大統領だって逮捕できる」と不満をぶちまける。「いったい何が国家転覆なんだ？　中国政府が勝手に定義して、いつでも普通の市民を法の網の中に落とし込むことができるじゃないか」。

「一国二制度なんて、もともとそんなものは存在したことがないんだ。香港が中国に返還されたあの年、中共はただ、国際権力とのバランスと駆け引きの中で、あえて香港で国安法を施行しなかっただけだ。一国二制度自体が、もともと幻想だった」「悲観的な見方をすれば、国安法施行は〝一国二制度の終わり〟だ。だがポジティブにとらえれば、中共は香港に対する最後の一手を打った。もう切り札はない。だから、あとは香港人がこの暗黒時代を乗り切って生き残るだけだ。香港人はフェニックスのように、火の中で自分の身を焼いて再生してみせる」と、どんな苦難にも耐え抜く、という覚悟を見せた。

「いろんな迫害、たとえば収監されるとか、脅迫されるとかさまざまなリスクに対する心の準備はもう、している。自分のできることはすべてやってみる。そしてみんな香港にとどまれるようにしてみせる」

私たちは、いつも白色テロにおびえて暮らさなければならない

一方、普通の市民や学生、ビジネスマンたちはこの香港の状況をどう見ているのだろう。実は、一般市民や学生、普通のビジネスマンたちは、名前を出してコメントをくれる人はほとんどいなかった。李怡の言うように中国は恐懼で香港人の言論の自由を奪っていた。匿名であれば、と答えてくれた外資系銀行に勤めるバンカーのマイケル（34歳）は言う。

「いちばん腹立たしいのは、中国がこんな粗暴なやり方で、香港の長年続いてきた法治制度を破壊してしまったことだ。こんな粗暴なやり方では、どんな政治目的を達成したとしても、間接的に香港を死なせてしまう」と、国安法を一方的に制定した中国への怒りを訴えた。

香港の国際金融センターとしての地位はこれで失墜した。トランプが香港自治法に署名し成立させたので、米国はいつでも香港に対する金融制裁を行うことができるのだ。もちろん、２０１９年の激しい香港デモでも、金融業界はマイナス影響を被った。だが、こん

なやり方でデモを封じ込めても、結果的に香港の法治システムが瓦解してしまうのであれば、本末転倒ではないか。

「香港政府が主流民意を無視して、警察をかばい、警察の違法行為を取り締まらなかったから、こういう結果になったんだ」と彼は言う。香港政府が警察の問題に対して外部調査委員会をつくり解決に動いていたら、デモもあそこまで激化しなかったはずだ。

「国安法で、香港人の言論の自由は大打撃を受けた。何をどうすれば違法になるのか、条文ははっきりと説明していない。政府はいつでも国安法を使って、異見人士を逮捕できるし、私たちはいつも白色テロにおびえながら暮らさなくてはいけない。もう集会もデモも自由にできなくなってしまった。私の知っている香港はもう見知らぬ街のように変わってしまって、友人たちもみんな移民の準備をしている。本当につらいよ」

彼はとりあえず、まだ仕事があるので、香港にとどまり続ける。「前線で抗争する勇気は私にはない。法律に触れないように生きていくよ。SNSもできるだけ余計なことは言わない。でも、心の中で反政府運動のすべてを支持している。できるだけ親中派のレストランを使わないようにして、反中経済圏（黄色経済圏）をつかっていく」

だが、外資系銀行が本格的に撤退しはじめ、彼らの仕事がなくなってしまったら？　明日の先が見えない不安にさいなまれている。

香港人の怒りと不安と焦燥と諦観。さまざまな感情が渦巻いているのに、国安法によってそれを言葉で表現する自由もない。もし、香港で今後、市民が「国安法ができて、よかった！」などとメディアのインタビューに答えたとしても、うのみにできない。そう言わなければ、香港で暮らしていけないのだ。

だが、法律に従いさえすれば、中国に歯向かわなければ安心できるのか？　李怡がこんなエピソードを教えてくれた。

7月1日のデモで、ある少女が真っ白な紙を掲げて参加していた。記者が、なぜ白い紙を掲げているのか？　とたずねた。少女はこう答えた。「何を書いたら国安法違反になるのかわからなかった。そこで昔読んだ旧ソ連の笑い話を思い出した。〝赤の広場である男がチラシを配っていたので、軍官はその男を逮捕した。だがそのチラシは白紙だった。逮捕容疑は？　と男が聞くと、軍官は男に言った。『私はお前が何を書こうとしたか、わかっているぞ！』〟私はこの笑い話がリアルにありうるのか試してみようと思った」

いまこそ、日本人が声をあげて中国を批判すべき

恐怖に支配されて「言葉」を失っても、安全は保障されない。今度は、言葉のないことが、逮捕理由になるのだ。

「光復香港、時代革命」のスローガンは国安法違反ということで、香港のネット上から一斉に消えたが、かわりにその発音や声調を使った暗号のような表記「GFHG、SDGM」「3219　0246」が同じ意味で使われるようになった。だが、香港当局、中国当局はそのうち「GFHG、SDGM」「3219　0246」も、国安法違反だ、と言い出すだろう。そして、やがて白紙を掲げていても逮捕されるようになる。

もし中国を礼賛する言葉を叫んでも、「面従腹背だ！　ウソをついた」といって逮捕されるかもしれない。実際、中国では「面従腹背」を理由に官僚が規律違反で失脚させられている。

恐懼に打ち勝たねば、自由を守られねば、本当の安寧は永遠に来ない。香港人は、今、恐懼の中にいて、それでも恐懼に支配されないように、自分なりの方法で抗い続けている。香港人は投降していない。そんな香港を国際社会が見放していいわけがない。

今日の香港は、昨日のウイグル、チベットであり、あすの台湾かもしれない。そして明後日の日本かもしれない。中国共産党政権が、自らの全体主義的ないっさい批判も異論も許さない秩序、ルールを香港からじわじわと西側世界に広げようとしているのだ。

そういう危機感を持っているからこそ、米国は香港自治を破壊する中国官僚、香港官僚に対する渡米の禁止やその在米資産の凍結、あるいは彼らと大口取引をしているような銀行に対する米ドル取引の禁止といった厳しい金融制裁を行える根拠となる「香港自治法」を成立させた。

この法律を実際に厳密に運用し始めれば、米国経済だって割を食う。だが、それでも米国としては、中国と正面から対決することを選んだ。台湾は香港市民の人道的理由からの移民受け入れを表明し、香港経由の投資への監視強化なども始めている。国際社会は足並みをそろえて、香港の国安法を撤回させる、あるいは運用させないよう中国・香港政府に制裁を伴う圧力をかけ始めた。

日本人と日本政府も、自由の価値観を信望する世界の一員として、恐懼に抗う香港市民の怒りをもっと代弁し、中国への具体的な制裁案を出していくぐらいのことはしてもいいはずだ。

取材協力：CHAN TSZ YUK (Alex)　YEUNG KIT (Winters)

福島 香織（ふくしま かおり）

大阪大学文学部卒業後、産経新聞に入社。上海・復旦大学での語学留学を経て2001年に香港、2002〜08年に北京で特派員として取材活動に従事。2009年に産経新聞を退社後フリー。主に中国の政治経済社会をテーマに執筆。主な著書に『新型コロナ、香港、台湾、世界は習近平を許さない』（ワニブックス）、『習近平の敗北　紅い帝国・中国の危機』（ワニブックス）などがある。

教育機関、メディア、政治家……中国に蹂躙《じゅうりん》されたオーストラリア

中国に食い荒らされたオーストラリア。いったい何がオーストラリアで起きていたのか。

奥山真司（地政学者）

オーストラリアといえば、読者のみなさんは何を想像するだろうか？人によっては、コアラやカンガルーがいて、マリンスポーツも楽しめる観光地、砂漠が多く鉄鉱石が豊富な資源国、さらには学生時代にワーキングホリデーに行った留学先、となるかもしれない。

この平和なイメージのあるオーストラリアが、ここ数年間で大きな政治危機に直面している。

そのきっかけは、2016年に野党・労働党のサム・ダスティヤリというイラン出身の若手上院議員が、中国共産党とつながりの強い人物に自身の旅費の支払いを求めたり、多

額の献金を受け取っていたことが判明したことだ。のちに彼と北京の濃密な関係がメディアを通じて明らかになってくるにつれ、実はオーストラリアが、政界だけでなく財界まで、北京の影響を受けていたことが次々と明らかになってきた。

おりしも2018年には中国の豪州侵略の実態を実名入りで続々と暴いた、クライブ・ハミルトンというチャールズ・スタート大学教授による拙訳『目に見えぬ侵略』（Silent Invasion）がオーストラリアで出版され、しかも大ベストセラーになったこともあり、オーストラリアの世論が対中国という点で、かなり大きな変化をしたのだ。

そしてこの1年ほどは、そのような豪州の「反中的」な姿勢に感づいた北京が、次々と豪州に経済制裁を課すことになり、それに対抗して首都キャンベラも粛々と中国との関係を切るための措置を実行している。

日本ではあまり注目されない北京による豪州への「静かなる侵攻」であるが、本稿では拙訳『目に見えぬ侵略』をベースに、中国が狙っているオーストラリアの属国化の実態について、その歴史を振り返りつつ説明していく。そして最後に、その対処の仕方などについて簡単に述べておきたい。

すべては天安門事件から始まった

中国共産党によるオーストラリア支配を決定づけることになった事件として、我々が見逃せないふたつの国際的な事件がある。それが1989年6月4日に北京で起こった「天安門事件」であり、そして1991年のソ連崩壊による冷戦の終結だ。

もちろんこれらは一見すると、北京にとっては極めてネガティブな事件のように思える。なにしろ天安門で国際的な評判が地に落ち、ソ連崩壊では共産主義体制が国際的にも正統性を失ったように思えるからだ。

ところが結果はその反対だった。このような存続の危機のおかげで、北京の中国共産党のトップたちは真剣に生き残りのための戦略を考えなければならず、そのためにはむしろ外に向かって積極的に打って出なければならないという決断につながり、それがオーストラリアをはじめとする世界各国における中国共産党の影響工作の開始のきっかけとなったのだ。

そこに至るまでの経緯を簡単に説明したい。

まず「建国の父」である毛沢東が1976年に死ぬと、次の鄧小平政権下で急激に進んだ民主化運動は、1989年に、北京の中心部の天安門を中心に行われたデモで頂点に達した。

すでに毛沢東の大躍進（1958～62年）と文化革命（1965～75年）という思想闘争による内乱を経験していた中国共産党は、毛沢東亡き後に自分たちの存在意義や目指すべき方向に迷いはじめ、すでに1980年代にはこの問題が三つの思想危機、つまり「社会主義の思想」「マルクス主義の信条」そして「党への信頼」の危機となっていた。

単純に言えば、中国共産党はこの頃から党崩壊の危機に直面することになった。そこで起こったのが、1989年に天安門広場で行われた学生たちによる民主化デモなのだが、鄧小平政権はこれを武力で鎮圧し、国際社会から大きな批判や経済制裁を受けることになった。

事件当時にオーストラリアの首相であったボブ・ホークは、この事件の残忍な映像に大きなショックを受け、同国内に滞在していた中国人留学生たちに対して「母国に強制送還することはしない」と涙ながらに告げた。そしてこの決断によって、結果的に4万2000人の中国人たちがオーストラリアの永住権を獲得することになり、彼らの親族も含めて、合計1万人ほどの中国系移民が突然誕生することになった。

つまり天安門事件が、オーストラリアでの中国系の数を増やすことにつながり、逆にそこに滞在する中国系が北京にとって操作しやすい「駒」となる土壌が出来上がったのだ。

天安門事件の数カ月後に、中国共産党のトップたちは再び衝撃を受けた。1989年11

月にベルリンの壁が崩壊したことをきっかけに、東欧の共産主義政権が崩れ去り、その2年後に社会・共産主義の本拠地であるソ連自身が分裂してしまったのだ。

そうなると、中国共産党はますます危機感を強める。なにしろ世界で最大の共産主義国は自分たちだけであり、いまやアメリカ率いる民主主義がさまざまなところで「勝利」しているように見えたからだ。

したがって中国共産党は、1990年代前半に党自身の存続のために、新しい「物語」を中心としたイデオロギーを急速に打ち立てる必要が出てきた。それが「反西洋」の「愛国主義」であった。具体的には天安門事件の2年後の1991年から北京は「愛国教育運動」を開始しており、当時の党のトップである江沢民自身もこの新しい「物語」づくりに積極関与している。

北京が若者たちに教え込もうとしていた歴史感はシンプルであった。それは、中国がアヘン戦争から外国の列強の手によって「百年の屈辱」を受けてきたが、1949年には共産党が過去の王朝のように「世界で最も偉大な文明」としての過去の栄光の復活の道を歩みはじめた、というものだ。

このような歴史観や社会観をもとに、北京はこれを国内だけでなく、海外の中国系（華僑）たちにも伝えることにより、世界における中国の立場を確立し、党の存続を図らねばならないと考えたのだ。

２０００年代からの攻勢

ここでやっかいになったのが、華僑の存在である。実際にオーストラリアには前述したような理由から、すでに大量の中国系移民が存在していたのだが、そのほとんどが、オーストラリアをはじめとする民主主義国家での自由な雰囲気や価値観に忠誠心を感じる、反北京派であった。

しかも彼らは独自の中国語メディアを持っていることが多く、そこで反北京的なメッセージを発することが多かった。

ところが90年代後半から、北京の中国共産党は華僑に対する態度をそれまでの距離をおいた姿勢から「海外のすべての中国系の人間を一つとして受け入れる」というものに変えている。２０００年には試験的に、そして２０１１年には完全に変えたという。

このような政策変更を受けて、北京は華僑を味方にする、いわゆる「僑務《きょうむ》」(qiaowu)として知られた工作を開始した。前述したハミルトンによれば、これは「社会のあらゆる階層の華僑の取り込みの協力や、状況や構造的な状態が、中国共産党が望んだものとなるように、インセンティブや抑制を通じて、彼らの行動や認識を管理することを含む、莫大な工作」と説明することができるという。

つまり海外の反北京派である華僑たちをオルグして、上昇しつつあった経済力を背景に宣伝戦などを駆使して彼らを親北京派に変えることによって、むしろ北京の工作に積極的に活用しようとしたのだ。

もちろんその事業の目的は、反体制派や批判的な声に対抗したり封殺することにある。ところがこの消極的な目標の裏には、逆の積極的な面もあり、華僑を使ってオーストラリア国民全体を親中的にして、北京がコントロールしやすいように社会を変えていく狙いもあった。そうなるとオーストラリアは中国がアジア、そして最終的には世界において覇権国となるのをアシストする役を担わされることになる。

中国共産党に狙われる教育・研究機関

以上でこれまでの概況を簡単に説明してきたわけだが、果たしてその「侵略」の状況はどのようになっているのだろうか。

オーストラリアにおける中国共産党による影響工作による分野は多岐にわたっており、大きく見ても、5つの分野で網羅的に行われていることがわかる。それぞれ簡潔に見て行こう。

第一が教育・研究機関（学生や教授）である。

日本での認識からいえば、大学というのはあくまでも高等教育機関の一つという位置づけであり、社会的にもそれほど重要な役割を果たしてはいないとされているが、北京側の認識は、ターゲットとなった国に、将来的な影響を与えるという意味でほぼ「主戦場」という扱いにある。

まず大学における学生の存在が重要だ。たとえば2017年7月にはオーストラリアの高等教育機関に留学している中国人留学生の数が13万1000人となっている。これは人口規模で比較すると、オーストラリアにはアメリカと比べて5倍いることになる。日本では2018年に11万5000人ほどなので、いかにオーストラリアに多くの中国人留学生が集中しているかがわかるだろう。

この数の利を生かして、彼らはさまざまな圧力をかけていく。たとえば中国学生学者協会（CSSA）のような大学ごとにつくった組織をつかって、講義などで反北京的な発言（台湾や香港を「国」と表現するなど）をした教授などをやめさせるように運動したり、ダライ・ラマの訪問を阻止したりする。

習近平は2015年に、海外で学ぶ中国人学生を「共産党の統一戦線工作における新たな中心的存在」と位置づけており、学生たちを使って政治活動面での監視や、教授や学生たちを告発するような活動に組織的に従事させているという。

後述するが、実際にその数が多く、大学にとっても貴重な財源となっているので（留学生は国内の学生よりも多くの授業料を支払う）、大学上層部も彼らの意向を無視できなくなる。

さらに目立つところでは、「孔子学院」という中国の言語や文化を教える文化交流機関に北京政府が現地の大使館や領事館などを通じて間接的に設立・運営資金を提供しており、現在豪州内には14校（日本には18校）が存在している。

これも後述するが、これだけ北京による大学への影響力の大きさが問題になっても、まだ豪州の大学は影響力を排除するための根本的な方策を議論できていない。

北京はこのような思想闘争をオーストラリアの大学に仕掛けて、「中国と問題を起こして国際問題に発展するのは避けるべきだ」と考えさせて、彼らが自ら積極的に余計なことを言わないような、いわば「自己検閲」を行うような環境をつくろうとしている。

研究機関への工作も進んでおり、たとえばオーストラリアの国営の研究開発機関である「オーストラリア連邦科学産業研究機構」（CSIRO）には、実に多くの中国出身の学者が所属している。

その典型的な人物が、CSIROの製造・採掘資源担当のチーフ科学者であり中国担当の代表をつとめている、ウェイ・ガン（Wei Gang）教授だ。

彼はCSIROと中国とのとりわけナノテクノロジーの分野における共同研究を促進する任務についているのだが、同時に中国でもさまざまな肩書をもっており、雲南師範大学の理事や、上海ナノテクノロジー促進センターにおける専門アドバイザー委員会のメンバー、華東理工大学の特任教授、そして深圳《しんせん》市政府の上級アドバイザーである。

いずれも中国の先端技術や軍需系の研究機関とつながりが深いのだが、彼自身は「全澳華人専家学者連合」（FOCSA）と関係をもっている。この団体は中央統一戦線工作部と関係が深く、豪州の13の学者団体を束ねて「オーストラリアにおいて中国の学者を代表する」ことを狙っており、2004年10月には「人民日報」がこのFOCSAの発足を称賛している。

在オーストラリア中国大使であった傅瑩（Fu Ying）は、中国の報道によれば、「専門家や学者たちがテクノロジー面での成果を中国に持ち帰ってくれることを期待している」と述べたという。

これらが何を意味しているかといえば、それは北京がオーストラリアの国民の税金を使ってて科学技術の研究開発を行い、それを軍事技術を含む、最先端のテクノロジーの発展に利用しているということだ。

第二のターゲットはメディアと現地団体

第二がメディアや現地団体である。上述した「僑務」のほとんどの活動は、中国共産党中央委員会に属する統一戦線工作部（中央統戦部）によって実行されており、この機関は華僑の社会組織や中国語メディア、学生団体、業界団体、そしてビジネスエリートたちをターゲットとしている。その狙いは、彼らの中で親北京派を多数派にすることだ。そしてこれはオーストラリアでも例外ではない。

その代表的な例が、メルボルンに本拠地を置く「CAMGメディアグループ」だ。このメディアは中国国際放送によって所有されている会社を通じて統制され、いまやすべてが中国に対して決して批判的なことを言わず、中国共産党の方針に沿ったストーリーしか流さないものばかりとなっている。

CAMGの代表はトミー・ジャン（Tommy Jiang）という人物だ。彼は1988年にオーストラリアに移住してきており、1999年にオーストラリア初の24時間放送の中国語メディアである「3CW」を創設し、8つの新聞と多くのラジオ局を含む「中国語メディア王国」をつくりあげた。

彼は祖国である中国との強いつながりを維持しており、2004年に新華社通信のサイトに掲載された記事では、ジャンが「海外中国人協会」の代表団の一人として中央統戦部によって開催されたイベントに参加するために吉林省を訪問したことを報じている。

2006年には北京で開催された海外の中国語メディア団体を集めたイベントに参加している。これは、もし台湾が本土から分離独立を図ろうとした場合にはそれを防ぐために戦争を開始することを定めた、国際社会に、非常に議論を呼ぶ中国の「反分離法」の成立一周年を記念するものであった。

新華社のサイトでは、ジャンが他の3人の中国系オーストラリア人の代表団とともに「反分離法を断固支持し、祖国の早期統一を熱望している」ことを宣言したと報じているほど、北京にとって「愛国的」な人間なのだ。

北京はこのような中国語メディア（従来のものとSNS）を動員して「人種差別的」や「反中的」な立場をとる豪政府に対して、猛烈に批判するような工作を続けている。

中国語メディアのほかにも、中国系の人々を指導する主な手段としては中国系オーストラリア人たちの民間団体やビジネス団体などがあり、その代表的なものが、中央統戦部の管理する「中国和平統一促進会」（CCPPNR）であり、このオーストラリア支部が「澳州中国和平統一促進会」（ACPPRC）だ。

ハミルトンによれば、この会の上層部は中国の国益を推進するうえで大使館から信頼されている人々によって占められており、オーストラリアにおける華僑団体の中でも北京の影響力ではトップに位置する組織だ。

ACPPRCは中国共産党による中央統戦部を使った新たな活動の一つとして2000年に創設されており、ハミルトンによれば、その狙いは「北京への忠誠心に疑いのある中国系の古い組織団体を衰退させること」にあるという。

中央統戦部は党の中の一組織であるが、習近平国家主席の下でさらにその重要性を増しており、習が中央統戦部を中華民族の偉大なる復興における「魔法の兵器」(マジック・ウェポン)であると説明しているのは特筆すべきであろう。

第三のターゲットは貿易だった

第三が貿易である。これは2014年11月にオーストラリアが中国と交わした自由貿易協定(FTA)の妥結に至るまでのプロセスから、二人のオーストラリア人の行動に注目したい。

一人目はアンドリュー・ロブという、当時与党の自由党の上層部の一員として、2013年9月に貿易相に就任した政治家だ。就任直後から10年にわたった交渉について部下の人間たちに対して、オーストラリアは、すぐに中国との自由貿易協定を締結すると言明している。官僚たちはあまりにもゆるい投資規制のために抵抗したが、ロブがどのような条件でも交渉をまとめると言ったために、ロブに大きく失望したとされている。

中国からの条件の悪い協定の締結を決意したアンドリュー・ロブは、この法案を上院で通過させなければならなかった。そのため、メディアを通じて「真夜中の5分前だ」と厳しい警告を発しはじめ、もしこれ以上締結が遅れることになると「中国は交渉から去り、いかなる国も経験したことのない最大の協定」は終わってしまうと迫った。

貿易相に就任したころのアンドリュー・ロブ（2013年12月3日、写真：AP/アフロ）

結果的に自由貿易協定法案は連邦議会を通過したが、この協定の問題は、オーストラリアのすべての党に対して、中国から訪れる労働者の数にいかなる制約も設けず、あらゆる「労働市場における規制」を禁じるよう明確に取り組むことが書かれていたことだ。そのため、ハミルトンによればこの協定締結は「オーストラリアの敗北」であったという。

自由貿易協定締結の勝利の直後にアンドリュー・ロブは政界を引退して、中国企業でいくつかの仕事を得ている。これには年俸として税込みで88万ドルを支払う、ダーウィン港の貸借人である嵐橋集団（Landbridge）での仕事も含まれている。

もう一人は鉱山業界の億万長者であるアンドリュー・フォレスト（Andrew Forrest）である。

オーストラリア最有力の財界人として中国側とつながりの深いフォレストは、自国の政治家に対して、自由貿易に関して中国側の申し出に理解を示していないとして批判をしている。中国の「アジアインフラ投資銀行」（AIIB）に対して、すぐに参加表明せずに躊躇《ちゅうちょ》していたことを、北京の言葉そっくりに「オーストラリアは世界の中のこの地域において独立する必要がある。われわれは中国を敵として扱ってはならない」と批判した。

ちなみにフォレストの中国における「良き友人」であり、定期的に彼を中国に招いているシン・ユンミン（Xing Yunming）は、実は人民解放軍の連絡部の中将であったことが後に判明している。

第四のターゲットがインフラである

第四がインフラ関連である。具体的には、港、送電線、空港などが含まれるのだが、ここでは参考までにエネルギー分野を挙げるだけで十分であろう。この代表例は中国の国営企業である国家電網公司（State Grid Corporation）である。

この企業はオーストラリアのエネルギーネットワークのかなりの部分を保有しており、ビクトリア州の5つの電力供給会社と、南オーストラリア州唯一の送電会社の一部を所有している。香港を拠点とする「長江基建集団」（億万長者の李嘉誠が所有している）という巨大企業も、その残りの所有権を保有している。

「エナジー・オーストラリア」（EnergyAustralia）は300万人もの顧客を持つオーストラリア西部の州の三大電力販売会社の一つだが、2005年からシンガポールの企業の買収などを経て、香港拠点の北京と関係の深い「中電控股」（CLPホールディングス）によって完全に保有されている。

「アリンタ・エナジー」（Alinta Energy）はオーストラリア最大級のエネルギー・インフラ企業であったが、2017年に香港の宝石商である「周大福」（Chow Tai Fook Enterprises）に40億ドルで売却されている。この会社はオーストラリアのアセット（経済資源）を長年探し求めていたとされる。

中国が関係する企業がオーストラリアのエネルギーインフラに浸透している事態は、さらに懸念すべき結果をもたらす可能性がある。「エネルギー・ネットワークス・オーストラリア」は、オーストラリアの電力・ガス網を所有する企業の利益団体である。この団体の理事会の半分を占めるのは、北京によって支配され、もしくは関係のある企業である国家電網公司と長江基建集団の2社なのだ。

現在の電力分配は電信サービスと融合しているために、これを所有すれば、オーストラリアのインターネットや電話のメッセージ機能にすべてアクセス可能となる。いざ紛争となったとき、このように電力を中国企業に握られていると、オーストラリア国民の電力が寸断されるだけではない。普段からも情報を抜きとられ放題である事実は深刻だ。

第五のターゲットが政治家だ

第五が政治関係者への工作であり、これは地方議会から連邦政府、政党に至るまで網羅されている。このなかでも代表的な例として、近年のオーストラリア政治の北京の浸透工作を語るうえで欠かせない人物として二人だけ挙げておきたい。

一人が黄向墨《ホワン・シャンモ》という中国出身の人物であり、もう一人がボブ・カーというオーストラリアの元外相だ。

与党である労働党への不正献金で告発される黄向墨（手にする写真の中国人男性、写真: AAP Image/アフロ）

まず黄向墨であるが、1969年生まれの広東省出身者で、不動産事業などを手掛ける「玉湖集団」を創設したが、地元の開発利権にからむ汚職事件に巻き込まれて、2012年前後にオーストラリアに移住を狙って逃げてきたらしい。

ところが大量の資金を元手に、次々とオーストラリアの政治家や両政党に合計75億円を献金するなどして名を揚げ、現地中国人コミュニティーでも影響力をつけてきた。

本稿の冒頭で説明したサム・ダスティヤリ事件の「中国共産党とのつながりの強い人物」が、この黄向墨であり、ダスティヤリはこの関係がメディアにバレた直後にわざわざ黄向墨の自宅に行って

「豪州の諜報機関があなたを盗聴しているかもしれないから気をつけろ」と忠告したことも判明している。

また、２０１４年にはおよそ2億円を寄付して「豪中関係研究所」（ＡＣＲＩ）というシンクタンクをシドニー工科大学に設立し、「研究機関」という名目で南シナ海の領有権問題などで北京寄りの立場の分析を発表させているのだが、この研究所の所長に就任したのが、元外相であるボブ・カーだ。

カーはシドニー五輪を誘致するなど、オーストラリア国内では評判の良い元政治家であり、２０１２年までは北京の人権問題などに批判的な発言をしていた。しかし、２０１４年にＡＣＲＩの所長に就任してからはひたすら親北京発言を繰り返すようになった。

たとえば北京のタカ派タブロイド紙である「環球時報」（Global Times）紙に意見記事を掲載して「アメリカの視点で見るな」と発言したり、中国資本の電力会社への投資を大歓迎したり、さらにはジャーナリストを連れて「北京詣で」をしたりしている。さらには何の学位ももたない黄向墨をシドニー工科大学の准教授にするなどして、所属していた労働党内からも「北京《ペイジン》・ボブ」とあだ名されるようになってしまう。

これらの浸透工作の実態についてはそのごく一部を紹介しただけであり、その全貌については拙訳『目に見えぬ侵略』をお読みいただきたいのだが、その手法はどこでも非常に似通っており、日本もその例外ではないことが類推される。

サイレントインベージョン後の展望

このような実態が暴かれるに及んで、世界各地でも中国共産党の狙いが、自らの体制の存続、そのための最適な外的環境の構築、そして最終的には世界覇権の達成を目指していることが気づかれつつある。

オーストラリアでも確実に政治面での動きが変わってきた。とりわけ2019年から今年の2020年にかけて、モリソン政権による対北京の姿勢がかなり硬化してきたのだ。オーストラリアが新型コロナウイルスの発生源について独自調査をしたいと言うと、北京は5月に突然オーストラリアの牛肉やワインなどに輸入制限をかけたり、大麦や石炭に関税をかける措置を行っている。

オーストラリア側も諜報機関でアメリカのFBIに相当するASIO（オーストラリア保安情報機構）がレバノン出身のニューサウスウェールズ州のモスルマン議員の自宅に突然家宅捜索に入り、スタッフとして雇っていた中国出身者の情報を集めたと言われている。

また、クイーンズランド大学では2019年7月に香港の民主化運動の支持を訴えてキャンパス内でデモを組織したドリュー・パブロウという学生が、中国系の留学生の多い同大学の上層部に嫌われて退学処分になりかけている。北京からの圧力や「言論の自由」をめぐってメディアは注目をはじめた。

つまりオーストラリアの内部でも、実際に北京の工作の脅威がクローズアップされ、メディアも諜報機関も実際の行動に出てきたのだ。

対峙すべき相手は中国人ではなく、「中国共産党」である

最後に日本として北京の工作に対抗するうえで気をつけなければならないことを一つだけ挙げておきたい。

それは、日本の識者やメディアも、中国人差別をしてはならないということだ。これは人道的な理由としてはもちろんそのとおりなのだが、戦略的な理由のほうがはるかに重要だ。というのも、北京は自分たちの統治の「正統性」として、「世界の中国人（華僑）を守るのが共産党だ」という姿勢を明確にしているからだ。

つまり彼らは「中国人＝共産党」という構造を喧伝したいわけだが、日本を含む工作をされている国々とっての唯一の脅威は「中国共産党」という「組織」なのであって、中国人という「民族」や「人種」ではない。むしろ中国人を相手にしようとすると、それは「人種差別だ」ということになり、北京側に日本の対応を批判する材料を与えてしまうこ

とになりかねない。

同じ「中国人」が運営している台湾や（少し前までの）香港などとは良好な関係を築けていたことからもわかるとおり、日本が戦略的に対峙する相手は、あくまでも中国共産党という組織である。これを忘れないようにして、われわれは対中国戦略を考えていかなければならない。

奥山 真司（おくやま まさし）
1972年横浜市生まれ。カナダのブリティッシュ・コロンビア大学卒業。イギリスのレディング大学大学院博士課程修了。戦略学博士（Ph．D）。国際地政学研究所上席研究員。青山学院大学非常勤講師。著書に『ビジネス教養 地政学』（新星出版社）、『地政学　アメリカの世界戦略地図』（五月書房）、訳書に『目に見えぬ侵略』（クライブ・ハミルトン著、飛鳥新社）など多数。

アメリカ全国民は中国に怒っている　コロナでいっそう火がついた！

いま、アメリカは共和党、民主党も反中になっている。それはなぜなのか。

ケント・ギルバート（米カリフォルニア州弁護士）

中国に裏切られたアメリカ

大半のアメリカ人にとって、中国共産党は不正の塊にしか見えません。第一、彼らは平気で嘘をつく癖があります。数多くある例の一つとして、2015年9月に、習近平国家主席はオバマ大統領に南シナ海を軍事化しないと約束したのに、直後からどんどん軍事拠点の建設が続いています。

1978年、中国の鄧小平は改革開放政策を始めて各国の資本を導入しました。その時、アメリカは、日本もそうだったと思いますが、中国が資本主義を導入して豊かになれば、民主化すると思いこまされました。

中国は中国共産党による独裁制です。しかし、鄧小平は一国による社会主義計画経済では中国は豊かになれないと、改革開放政策を進めます。香港やマカオなどの華僑《かきょう》からだけでなく、世界各国から資本を導入し、中国を豊かにしようとしました。

その後、胡耀邦《こようほう》や趙紫陽《ちょうしよう》という改革派の指導者も現れました。アメリカも積極的に中国に投資しました。それによって中国経済は急速に伸びて、アメリカをはじめとして、多くの国は中国に民主主義が根付くのではないかと期待していたのです。

1989年6月4日に「六四天安門事件」が起こります。学生たちを中心に、経済だけでなく政治的にも民主主義や自由主義を求める人たちのデモで天安門広場は埋め尽くされました。

これを、鄧小平は弾圧しました。人民解放軍を使って強権的にデモを鎮圧し、多くの死者も出しました。これによって中国の改革開放政策は一時頓挫しますが、それでも、アメリカは期待し続けました。まだまだ、中国は民主主義に向かうのではないかと。

しかし、駄目でした。中国共産党がやったことは国民を徹底的に洗脳して愛国心を植え付けることだったのです。

共産主義や社会主義はソ連の崩壊で否定されていますし、民主主義を認めれば六四天安門事件のようなことが起きます。

鄧小平の中国共産党は、中国主義、中華思想を国民に徹底的に教育しました。六四天安門事件が起こることによって、中国は欧米各国や日本から制裁を受けます。中国共産党は、それへの国民の反発を排外主義的に利用しました。

愛国心教育の中身は共産党にとって都合のよい中国の伝統と歴史の重視です。その中で孔子も見直されました。中国の領土・領海を拡大する計画に基づいて、国土意識を高めて、中国共産党に対する徹底的な忠誠心を植え付けました。そのようにして国民を統合しようとしたのです。

それ以降、中国では反日運動も盛んになります。「愛国無罪」がスローガンとして掲げられます。愛国であれば外国製品を破壊したり、外国資本のお店を荒らしたりしても無罪だということです。

2012年には尖閣諸島をめぐって中国に官制反日デモが吹き荒れ、日章旗も燃やされ、「愛国無罪」のプラカードが掲げられていたことは、多くの日本人にも記憶に新しいと思います。日本は隣国で、日中戦争をした相手なので、より反日が愛国心教育にふさわしかったのだと思いますが、中国共産党はアメリカに対しても、反米で愛国心を煽っています。

中国から資金提供を受けていたクリントン財団

しかし、それでも、アメリカの民主党は、中国をそれほど脅威には思っていませんでした。

2019年の予備選挙中、誰かが「中国はけしからん。脅威です」と言っている横で、ジョー・バイデン候補は「中国にアメリカが負ける!? 冗談じゃない。悪い奴らではないよ。まるで（競争）相手にならない」と言い放ったぐらいです。

1996年の大統領選挙でビル・クリントンが再選しましたが、その時に、中国が共和党に対して積極的に選挙妨害を行いました。複数の人間や団体を通して法律に反してまで、民主党全国委員会などに政治献金をしました。問題が発覚すると、資金は返却されて、複数の人間が刑事告訴されて、有罪になっています。

また、前回の大統領選挙で共和党のトランプと争ったヒラリー・クリントンには、オバマ政権で国務長官を務めていた時に、「クリントン財団」を通して、中国から多額の資金が提供されています。つまり、クリントン財団という形でヒラリーがお金を中国から集めていたのです。当然、中国人は見返りを期待します。

実際に、ヒラリーは国務長官に在任中、中国に対して強硬的姿勢に出ることはありませんでした。国務省は日本の外務省に当たります。その長が中国からお金をもらっていたら、中国には何も言えなくなってしまいます。

バイデンの話に戻すと、2013年12月に、バイデンはエアフォース・ワンではなくエアフォース・ツーという副大統領が使う専用機に息子ハンター・バイデンを乗せて、中国を訪問しています。

息子は、自分が経営する投資ファンドと中国のパートナーの共同で、中国で投資会社を設立するための交渉をしていました。そして、10日後、中国政府から営業の許可が出て、中国銀行がバイデンの息子が設立した投資ファンドに1500億円を出資したとされています。ハンターが中国の投資会社の役員になりましたが、報酬を受けたかどうかは明らかではありません。最近辞任したと言われています。

トランプを嵌めようとした中国

また、日本と開戦したアメリカ大統領のルーズベルトは、第二次世界大戦前から、中国とべったりでした。ルーズベルトもヒラリーやバイデンと同じく民主党です。ルーズベルトは中国と日本との間で中国を選んでいます。なぜかというと、彼の母方の実家はアヘンで莫大な資産を作った家系だからです。

彼の母親の旧姓はデラノ（Delano）といいます。だから、ルーズベルト大統領のフルネームは、フランクリン・デラノ・ルーズベルト（Franklin Delano Roosevelt）です。ミドルネームは母方の旧姓が使われることが多いのです。

このデラノ家の一人はカッター船を使って中国でアヘンの貿易をし、その資産をアメリカに持ち込みました。そして、ハドソン川沿いに大豪邸を作りました。そのお嬢さまがルーズベルト大統領のお母さまというわけです。

中国でタップリ儲けさせてもらった家の出ですから、第二次世界大戦のときに中国を選ぶのは当然です。だから第二次世界大戦では、日本は立場がすごく不利だったのです。

このようにして、アメリカのなかにも中国を食いものにしてきた人たちがいるわけです。しかし、トランプ大統領は、大統領になる前にマカオでカジノを作ろうとして中国と交渉し、決裂しています。

ちなみに、彼は一時、アメリカのニュージャージー州でもカジノを作って失敗し倒産しています。トランプは何度か企業を倒産させていますが、そのとき彼は何を言ったかというと、「私たちはきちんとした事業計画を作成して金融機関に提出し、彼らはそれに基づいてお金を貸した。だから、彼らの予想が間違っていたわけで、金融機関が悪い」。貸したほうが悪い、と言うわけです。個人の破産ではありませんが、そのような修羅場を繰り返してきた大統領なので、ヒラリーやバイデンやルーズベルトのように、一筋縄ではいきません。

話を戻しましょう。彼は、マカオでカジノを作ろうとしてマカオに交渉をしに行きました。その時、中国の担当者は彼をベロンベロンに酔っ払わせて、不利な契約にサインをさせようとしました。しかし、彼は酒を飲まない人でした。

それで中国側の計画は台無しになり、結局マカオでカジノを作る話はなくなりました。トランプ大統領は、そのような卑怯な手を使う中国に、実際、遭遇していることもあって、中国に対して不信感を持っています。それは、多くのアメリカの経営者が実際に経験していることなのです。

全アメリカが反中になっている

ヒラリーやバイデンのように、中国から資金提供してもらっている民主党の政治家はいました。しかし、トランプもそうですが、多くのアメリカ人は誠意を持って中国でビジネスをして、中国が豊かになるのをずっと援助してきたのです。

一方、中国は、アメリカの援助を受けるだけ受けて、アメリカの要望する民主化には一切答えません。それればかりか、少しでもいい思いをしようと不正ばかり犯しています。アルコールや女性などトラップ（罠）もたくさん用意しています。

さらに、アメリカの高度な技術を盗んでいます。日本も中国に多くの技術を盗まれたと思いますが、アメリカも相当盗まれました。ＩＴ関連、ＡＩ、軍事技術等々、国の骨幹を揺るがす技術まで盗んでいきました。

これは許せません。そして、貿易。あまりにも不均等です。2001年11月に中国はWTO（世界貿易機関）に入りましたが、それ以降、アメリカの対中貿易の赤字は膨らむばかりです。トランプ大統領は、中国をWTOに入れたのは失敗だったと主張しています。

中国の危険性や不正に対しては、オバマ政権の終わりから多くのアメリカ人も認識するようになってきました。しかし、トランプ大統領が就任したばかりのころは、まだ左巻きのアメリカ人に中国が好きだった人は多くいました。

しかし、トランプが大統領になってからは、トランプ政権が中国の不正を片っ端から暴き、制裁をしています。当たり前のことです。

たとえば、「孔子学院」（38ページ参照）です。アメリカの多くの大学に中国が設立した「孔子学院」がありました。トランプ政権は、ここは中国共産党の思想や政治のプロパガンダの場であると指摘し、スパイ容疑でFBIに捜査をさせました。そして、「国防権限法2019」では、「孔子学院」のある大学には、国防省から中国語教育のための資金提供を中止することを盛り込みました。実際に、たくさんの大学は孔子学院を閉鎖していますが、小・中・高等学校と国防省から資金を受けていない大学の相当数は、いまだに孔子学院を置いています。

ほかには、知的財産の保護です。中国の知的財産の無視は目に余るものがあります。ディズニーのキャラクターは盗まれ放題。だから、トランプ政権は、前述の法も含めて、中国に対してさまざまな制裁措置をとってきました。貿易の関税措置もその一つです。

そして、留学生を制限しました。留学生はアメリカで最先端の技術を学んで、そのまま中国に帰って、その技術を中国でも作ってしまいます。ちょっとオリジナルを加えて、知的財産法から逃れるのです。悪辣《あくらつ》な手口です。

このように、中国はアメリカに入り込み、アメリカからさまざまなものを盗み、それで貿易黒字を積み上げてきたのです。

これらのことで、アメリカ人も目が覚めました。だから、現在は左も右も農業団体も商工会議所も労働組合もどの団体を見ても、皆、反中国です。

さらに、中国は帝国主義的侵略で、南シナ海の諸島をいつの間にか取ってしまいました。オバマ政権が油断していた間に。これも、アメリカ国民にとっては許せないことです。火事場泥棒以上です。

最新の動きでは、スパイ活動の中心だからと言って、テキサス州ヒューストンの在米中国領事館を閉鎖させました。

新型コロナウイルスでさらに強まった反中

上記のように、新型コロナウイルスがアメリカに蔓延する前から、中国共産党に対してアメリカ国民は怒っていました。新型コロナウイルスだけがアメリカ国民を反中にさせたのではないのです。

そのような反中国の意識がアメリカ国民の間に広がっている時に、新型コロナウイルスの感染爆発が起こりました。中国共産党は、この新型コロナウイルスがヒトからヒトに感染することを隠蔽していました。その危険性を世界に知らせることをしなかったのです。

そのために、アメリカも含めて全世界に広がったわけですが、明らかにそれは完全に中国の責任なのです。そして、トランプ政権は、そのこと（中国の責任であること）を指摘し、「ウーハンウイルス」と呼んでいます。

しかし、一部のリベラルな人たちは、それは人種差別だと言います。中国系のアメリカ人に対する差別につながると言って、トランプは人種差別主義者だと言いたいわけです。ただし、これはリベラルのほんの一部の人たちで、多くのアメリカ人は中国がやったことが正しいとは誰も思っていません。

トランプはあえて、「中国から来たウイルス」と言います。「武漢ウイルス」とはあまり言わなくなりましたが、「中国から来たウイルス」と言うと、多くのアメリカ国民は納得します。私は、CCPウイルス（中国共産党ウイルス）と言うことが最も正確な言い方だと思っています。

アメリカ国民のほとんどが、中国共産党が情報を隠蔽したことによって、新型コロナウイルスが世界中に広がったことを知っています。

そして、13万7419人（2020年7月16日現在）ものアメリカ人が亡くなったのです。感染者は350万人近く（2020年7月16日現在）にもなりました。そして、いまでも増え続けています。

トランプが「中国から来たウイルス」と言って、

中国への強硬姿勢を崩さないトランプ大統領（写真：AP/アフロ）

敵を明らかにしてくれることで、納得するのです。

それに対して中国はプロパガンダ合戦をやっています。アメリカ軍が中国に新型コロナウイルスを持ち込んだと言っています。そして、そういうでたらめなプロパガンダを、アメリカの左派メディアの一部は引用します。

しかし、ほとんどのアメリカ国民は、そのようなプロパガンダに怒っています。よりいっそう反中国の意識が高まるだけです。

中国への規制はアメリカ経済に大きな影響はない

最近、トランプ政権は、中国政府のプロパガンダ機関でしかない中国系の新聞社に、アメリカ国内での報告義務や、働く人数の制限を行いました。不当に多い人数がいるのは、スパイ活動ですから。

アメリカ人は表現の自由があるので、メディアを規制することには反対する人が多いのですが、この中国系の新聞社への規制に対して文句を言ったアメリカ人はいません。アメリカ人にとって中国系への規制は当然のことなのです。

私は、トランプ政権が中国からの輸入製品に関税措置をしたときは、非常にリスキーだと考えました。これによって中国から来る製品が値上がりすると、アメリカの消費者に不利になると思ったのです。そして、そのことによってアメリカ国内の反感を買う可能性があると思いました。

これは素人考えでした。中国は為替操作をして人民元を元安《げんやす》にしました。これによって、アメリカへの輸出製品はそれほど高くならなかったのです。ただし、中国は元安にした分、貿易収支を悪化させるわけです。トランプの関税措置はアメリカの消費者にほとんど影響を与えず、中国に制裁を行えたのです。

アメリカの農産物に対する中国の関税措置も同じです。

いままで、中国は農産物を、買うと約束したのに買わなかったということが何度かあり、農業関係者は振り回されていました。だから、今回は、農業関係者の中に、損してもいいから中国に対して強く出るべきだという機運があったのです。

バシッとやるべきだと。

そして、その結果。逆に吉と出ました。コロナ禍のために、中国に大豆を買ってもらわなくても全世界が食糧難になっているので、大豆の需要は高まっています。だからアメリカ農民は全然、苦労していません。一方、中国は関税を上げたために、大豆から作られる家畜たちの餌の値段が上がり、肉の値段が上がって、中国国民は物価上昇に悲鳴を上げています。

中国に甘い顔を見せてはいけない

中国は中国共産党の独裁国家です。そのような国とはまともな交渉術は通じません。その点、トランプ大統領はディールの人だけあって、現在のトランプ政権は交渉に長《た》けています。

現在、アメリカは中国にある工場をアメリカに戻すよう企業に要請しています。一部の大企業には中国で儲かっているところもありますから、なかなか中国から出ることは難しいでしょう。

しかし、中国をサプライチェーンから外さないとアメリカの国家安全が害される商品もあります。特に薬品はそうです。薬品はほとんどが中国で作られています。

中国は、アメリカが中国のコロナの対応を批判するので、それだったら薬品は送らないぞと威嚇してきました。結構、独裁者はこういうところがあります。

強硬に出てくるのです。しかし、ここで引いてしまったら、相手の思うつぼです。だから、アメリカ側は、「実はそれはアメリカのメーカーなんですよ」と中国側にゆさぶりをかけます。そうすると、中国側は「輸出禁止にするぞ」と言うわけです。

またしても、中国側は強硬な手段をとろうとします。しかし、そうしたら、そのメーカーをアメリカに引き上げればいいだけの話です。結局、相手の強硬な出方に、引いてしまわなければ、負けないのです。

バスケットのＮＢＡにもそのような話がありました。ＮＢＡは中国で人気があり、すごく儲かっていました。そのＮＢＡのオーナーのひとりが香港の平和デモを支持するツイートをしました。

そうしたら、中国は、そのオーナーをクビにしろとＮＢＡに言ってきたのです。しかし、ＮＢＡからすれば、それはクビにする理由にはなりません。だから、それに応じないという強硬路線をとったわけです。

結局、いま、どうなっているかというと、ＮＢＡは中国で大きく放送されています。だから、中国に屈してはダメなのです。これはＮＢＡの件でもわかりました。

この点は、トランプ大統領も長けていますし、中国と交渉するには、大切なポイントです。

そもそも、中国は中国共産党の独裁国家で、その親玉が習近平なのです。そして、数々の不正を行ってきました。そのような中国共産党に、妥協する必要はまったくありません。日本の人たちも、決して中国共産党の言いなりになってはいけません。

甘い顔をすればするほどつけあがるのが彼らです。日本と同盟を結んでいるアメリカの国民は、すでに反中国共産党です。アメリカは、数々の不正や嘘を繰り返している中国に、今後、いっさい甘い顔はしないでしょう。本気で怒っています。

ケント・ギルバート(Kent Sidney Gilbert)
1952年アメリカ、アイダホ州生まれ。ブリガム・ヤング大学大学院で経営学および法学を専攻。大学在学中に初来日。その後、1980年に法律コンサルタントとして再来日し、1983年からは『世界まるごとHOWマッチ』のレギュラーなどタレントとしても活躍。米カリフォルニア州弁護士、経営学修士(MBA)、法務博士(JD)。主な著作に、『中華思想を妄信する中国人と韓国人の悲劇』(講談社+α新書)、『トランプは再選する！日本とアメリカの未来』(宝島社)、『天皇という「世界の奇跡」を持つ日本』(徳間書店)など多数。夕刊フジ連載「ニッポンの新常識」、DHCテレビ「真相深入り！虎ノ門ニュース」のほか、ツイッターやフェイスブックなどでも論陣を張る。

破綻寸前の「一帯一路」に世界は激怒している！

世界で「一帯一路」の政策を進めている中国。しかし、聞こえてくるのは怒りの声のみだ。

インタビュー／**宮崎正弘**（評論家）　聞き手／**編集部**（小林大作）

海の覇権を狙っている中国

編集部（以下、**編集**）　中国の「一帯一路」の現状についてお話しください。

宮崎正弘氏（以下、**宮崎**）　「一帯一路」を、最初は、「One Road,One Belt」と中国は言っていました。これに対し、欧米から「One Road」は〝けしからん〟と批判が起きました。「すべての道がローマに通じる」と同じ、すべての道は北京に通じるという露骨な覇権主義じゃないかと。それで、突然、「ＢＲＩ」に変更したのです。「Belt and Road Initiative」

です。

「Belt and Road Initiative」は別名シルクロードですから、ラクダにまたがってトコトコ砂漠を行くというようなイメージでしたが、そうではまったくありません。高速道路と鉄道、それから、パイプラインと光ファイバー網。さらに海路、ついで宇宙路もあります。

その航路をたどっていくと、近年は中国が海の覇権を狙っていることが歴然としてきたのです。さらに、北海道の帯広、根室を起点にカムチャツカから北極海に入り、北極圏ルートも狙っています。

だから、中国は、「雪狼」＝雪のオオカミという砕氷船を2つ作りました。すでに実験航海をやっており、かなり精度がいいのです。

これで緊張したのはロシアです。一方、北欧諸国は大歓迎です。特にフィンランド。北欧にはフィンランド、スウェーデン、ノルウェーの国々がありますが、最北の不凍港は、ノルウェー領です。そこから鉄道を敷いて、フィンランドのヘルシンキまで持ってきて、ここを物資輸送のハブにする計画です。

だから、2019年の夏ごろは、フィンランド財界、ひっくり返って大騒ぎしていました。経済発展だからね。これが北極圏ルートです。

陸に目を転じると、ユーラシア大陸を横断するルートがあります。これはすでにできています。冷戦が終わった年に、中国はカザフスタンのアルマトイまで鉄道をつなげて、それが、モスクワを経由してドーバー海峡を超え、イギリスまで通じています。成功しているといえるでしょう。かなりの物資を運んでいます。

支線もあり、南のほうからイランへ向かう鉄道も敷設しています。

鉄道輸送だけでなく、高速道路もあります。それは、陸のシルクロードの目玉になっています。パイプラインはトルクメニスタンという国から中国の新疆ウイグルを経由して上海まで通じています。これはすでに完成していて、かなりの量のガスを輸入しています。

また、北から、シベリアを経由してロシアからガスと石油をパイプラインで運んでいます。パイプラインもシルクロードのうちなのです。

これらが成功しているシルクロードです。しかし、成功していないシルクロードもかなりあります。

負の遺産になりつつあるパキスタン

編集　どこでしょうか。

宮崎　まず、パキスタンです。パキスタンには新疆ウイグルのカシュガルからイランに近い港町のグアダールまでパイプラインを敷いています。このパイプラインは、石油とガスの二本立てです。

さらに、ハイウェイと鉄道と、それから光ファイバー網を作っていますが、この3つはうまくいっていません。「一帯一路」と言った場合、石油とガス、ハイウェイと鉄道、そして光ファイバーの5点セットですが、パキスタンでは、後者の三つがうまくいっていません。

理由は、まず資材が盗まれることです。鉄道レールを敷くと、レールが盗まれます。高速道路はセメントを積んでおくと、これがなくなっている。光ファイバーは電線が盗まれます。さらに、パキスタンもかなり腐敗した国民性で、金が入って来たら、すぐに使ってしまって働きません。

さらにもっと厄介な問題があります。パキスタンのイラン寄りのバロチスタン州は、もともとパキスタンではありません。イギリスが勝手に線を引いてパキスタンに入れてしまった土地です。だから、独立心旺盛なところなのです。自分たちがパキスタンに所属している意識はありません。

ところが、そこが中国のシルクロードの拠点となっています。バロチスタンの人たちは中国人と見れば、誘拐、殺人を平気でします。それを警備するのがパキスタンの正規軍なのです。1万5000人のパキスタン政府軍を投入して、中国人労働者を守っています。

このパキスタンに中国は620億ドル貸しています。おそらく、無駄になるでしょう。パキスタンは過去に13回デフォルトやっており、いままた、IMF（国際通貨基金）に救済を申し込んでいます。これをIMFは認めました。しかし救済を認めることは債権者がいちばん損をします。投じたお金の80%が棒引きになるからです。だから、中国はその交渉に応じていません。

中国とパキスタンの路を、「中国・パキスタン経済回廊（CPEC）」といいますが、これがいま、最大の失敗に終わりつつあります。

アジアでカネと弱みに付け込んで拠点を奪う中国

宮崎　現在、中国は海のシルクロードの拠点づくりを急いでいます。どのような状態になっているか、たどってみていきましょう。

パキスタンのグアダールもその一つですが、特に問題になっているのは、南シナ海です。海を勝手に埋め立てて、三つの島に滑走路を作りました。これには世界が怒っていますが、中国は平気で、自国の領土とうそぶいています。

その南シナ海を越えて、カンボジアのシアヌークビル港を経由して、マラッカ海峡を過ぎると、次がミャンマーです。ミャンマーには、チャウピューという港があります。ここの近代化工事を請け負って、大工業団地を作っています。2020年の1月17日に習近平が訪問して正式にサインしました。アウンサン・スーチーはロヒンギャ問題で西側から孤立したため中国に近づきました。

中国は、このチャウピューから雲南省までパイプラインを敷いています。このチャウピューに私も行きましたが、高台で農地です。広大な面積ですが、まだ工事を始めている形跡はありません。あるのは看板と3階建ての事務所だけ。本当にやる気があるのかないのか、わかりません。

続いて、スリランカです。スリランカのいちばん南にハンバントタという港があります。ここを中国は99年間租借しています。この港は、非常に深海なので、中国の潜水艦が寄港できます。すでに3回も寄港しています。

この港をなぜ中国が租借できているかというと、お金です。港は貸したお金の担保です。スリランカは、非常にお金に困っているので、目先にすごい金をちらつかせて港を取ってしまいました。そして、自らの軍港にしてしまっています。

カナダ
アメリカ
ニカラグア
ベネズエラ
ブラジル
ポートモレスビー（パプアニューギニア）
バヌアツ
スバ（フィジー）
ニュージーランド

中国の「一帯一路」地図

(本文と合わせてご覧下さい)

モルディブのマレに架けられた橋（写真：新華社/アフロ）

次の狙いは、モルディブですよ。モルディブには、無人島もかなりありますが、全部で1192の島があります。このうち、16の無人島を中国は担保で押さえています。貸したお金は30億ドルです。

そのお金で、中国は首都のマレから飛行場まで海上に橋を架けました。マレから飛行場は目の前に見えるほどで、ボートで5分です。この橋は、2019年9月にできてしまいました。見に行きましたが本当に見事なものです。それから、飛行場を拡大工事して、これも終わりましたが、これらのプロジェクトの担保にとられたのです。

このスリランカとモルディブに中国の拠点ができて、怒っているのがインドです。だから、カシミールでインドは中国と銃撃戦になりました。さらに、インドじゅうで中国製品の不買運動が起こっています。バザールで中国製品が見つかると、屋台を壊してしまうほどの過激な不買運動です。

少し戻りますが、カンボジアです。カンボジアの首相のフン・センは中国にべったりです。彼は1985年から35年間も権力の座にいますから、勝手放題やっています。中国からの投資もどんどん呼び込んでいます。

中国は、カンボジアの港は整備が遅れているので、シアヌークビルというリゾート地を整備していますが、かつて8万の人口が、いまでは30万人以上になっています。

中国の代理人と化したカンボジアのフン・セン

編集　4倍にも。

宮崎　全部、中国人です。理由は、カジノです。カジノを認めたら中国人は目の色を変えて入って来て、豪華カジノが50軒あります。そうなると、当然ヤクザが来ます。売春婦も来ます。ホテルがまた、中国資本のホテルだらけになっています。

もともと、シアヌークビルは沖合に島があって、静かなリゾート地だったのです。西洋人に人気だったのですが、みんな中国人に荒らされて、西洋人は去ってしまいました。フン・セン独裁の国ですから、何でもありです。フン・センは、ASEAN会議などで、みんなで中国非難の声明をまとめようとすると、「フン」って言って蹴ってしまいます。中国は、このフン・センを使い放題使っています。相当な金が流れていると思います。

そして、タイです。タイの人口の35%ぐらいが華僑です。みんなタイ風に名前を変えていますから、具体的実態はわかりません。しかし、タイの実権、とくに物流と金融は華僑が握っています。

このタイのマレー半島の真ん中に最狭部の地形でクラというところがあります。そこに運河を作りましょうと、中国がタイに提案しています。そうすれば、マラッカ海峡まで遠回りする必要がなくなります。

これについては、パナマ運河を作るのに、100年ぐらいかかっていますから、アメリカがせせら笑っていますよ。ただし、先帝国王のプミポンが亡くなって息子が国王になっていますが、彼が乗り気です。だから、タイも少しぐらついていますが、しょせん100年先の話ですから、実現可能性があるかどうかもわかりません。

南へ少し下がりましょう。インドネシアです。インドネシアでは、ジャカルタからバンドンまでの新幹線の工事を、4年前に日本が3億円かけて商業化可能性調査をしました。

測量から、橋をかけるところの地盤などの現地調査をして調べつくしました。そのうえで、日本は新幹線のプロポーザルを作りましたが、中国はその提案を横取りしたのです。

もちろん、中国の入札価格では赤字になるのはわかっていますが、日本から横取りすることが目的で、上から言われて取ったのです。取ったらそこでおしまいだから、新幹線工事は始まって4年経っていますが、まだ10キロも工事していません。本来なら2019年に完成する予定でした。

だから、インドネシア政府は怒っています。現在、インドネシアも非常に中国に冷たくなっていますが、中国はガスを買ってくれるから、あまり強く出られない事情もあります。

隣のマレーシアは、4割近く華僑ですから、政治はぐらついています。

モンテネグロで起こった汚職でEU諸国は中国を警戒

宮崎　海を逆に見ていきましょう。まずは、アフリカの付け根のジブチです。ジブチは、もともとエチオピアです。エチオピアから独立して海の出口を塞いでしまいました。

そこで、中国がエチオピアから、ジブチまで鉄道を敷設しました。700キロですが、

ギリシャのピレウス港（2017年5月5日、写真：新華社/アフロ）

これは完成しました。その代わり、エチオピアはものすごい借金を負っていますから、テドロス（テドロス・アダノム）WHOの事務局長は、完全に中国の代理人です。

ジブチも中国から借金していますので、中国の軍事基地を認めています、1万人の中国人兵士がジブチにいます。そして、いま、「経済特区をつくって差し上げます」、と言って中国がバンバン工事しています。

中国は、これでスエズ運河の入り口のジブチの拠点を押さえたことになります。今度はスエズ運河を通って、最初に行き着くヨーロッパの港は、ギリシャのピレウスです。

このピレウスという港は、中国が30億ドル出して、すでに管理運営権を取っています。さらに、イタリアをそそのかして、半島の付け根のトリエステという港を開発するとしています。イタリアは乗り気です。あれほど、新型コロナウイルスで死者を出しながら、よく懲りないものです。

ギリシャからバルカン半島を突き抜ければ、パリにもドイツにも行けるし、スペインにも曲がれます。だから、高速道路から始めようとしましたが、バルカン半島のモンテネグロで、高速道路がらみの汚職が起きてしまいました。しかも、モンテネグロは中国にはお金を返せないと言っています。

このことは、モンテネグロはEUですから、ヨーロッパ全体の問題です。そのため、EUはだんだんとシルクロードに対して、疑惑の目を持つようになりました。ドイツも中国ベッタリのように見えますが、ストゥッツガルトがある南部は保守的で、反中国です。港町は中国ウエルカムです。コンテナ船はどんどん来るわ、観光客は来るわですから。

質の悪いベネズエラの石油に投資した中国

宮崎　海のシルクロードは南米まで通じています。

ブラジルは、鉱山・鉱石を中国に買ってもらっていますから、中国に対して非常に似通った政策をとっていましたが、大統領が代わってから、やや反中国的です。問題はベネズエラです。石油が出ます。だから、中国は420億ドルを投資して、原油鉱区を買いました。ただ、パナマ運河がいっぱいで使い勝手が悪い。そこで、ニカラグアに運河を作ろうとしましたが、うまくいっていません。

ニカラグアでの、海に挟まれた幅は200キロくらいですが、80キロが湖です。そこは工事をしなくても済《す》みますから、残り120キロを工事しようとしましたが、10キロも掘らないうちに、お金が続かなくなりました。

そもそもベネズエラの石油は質が悪いのです。ガソリンにはなりません。火力発電の重油にしかならないのです。だから、貸した金は返りません。

それればかりか、ベネズエラはいま内乱状態です。450万人の国民がブラジルとコロンビアへ逃げてしまっています。コロンビアは世界でいちばん治安が悪いところですが、そこに逃げこんでいるのです。それほど、内乱がひどいということです。ベネズエラも中国にとって、すごく大きなお荷物になっています。

米軍基地ののど元に豪華カジノを作った中国資本

宮崎　南太平洋を見てみましょう。南太平洋で中国が拠点としているのは、パプアニューギニアとバヌアツ、フィジーです。

パプアニューギニアを重視する理由は、南太平洋で一番国土面積が大きくて、人口が多く、経済活動が活発だからです。中国は、そのパプアニューギニアに食い入るために、APECの会議をパプアニューギニアのポートモレスビーで行い、国際会議場を寄付しています。また、会議用の運搬車を30台ぐらいポンと寄付しています。

それで、習近平が泊まるホテルの玄関に中華門を建てさせてくれとお願いしました。私が行った時も、その門が残っていました。APECが終わったのに、なぜあるのか尋ねたら、中国に撤去してくれと頼んでも、撤去してくれないとのことです。

編集　中国らしい。

宮崎　パプアニューギニアに食い入る理由のもう一つは鉱山開発です。さらに、パプアニューギニアの北にある港を狙っています。

次にフィジー。マグロが獲れますね。マグロの利権もさることながら、スバという港があって、ここに中国が入り込んでいます。ここにも行きました。チャイナタウンがあって、中国レストランがずらっと並んでいたうえに、中国語の新聞が出ています。

これに、旧宗主国であるイギリスと、オーストラリア、ニュージーランドが非常に怒っています。とくにオーストラリアはフィジーを自分たちの中庭と思っていますから、許せない。

露骨な事件がありました。オーストラリアからフィジーに海底のケーブルを敷く工事に、中国が応札したのです。これは、オーストラリアの予算でやりますから、オーストラリアが拒否しました。

そこから、南太平洋への中国の進出の激しさが次々にわかってきたのです。とくにバヌアツです。小さな島国国家ですが、目抜き通りに800店舗ほどの商店街がありますが、600店舗が中国人経営なのです。マンションをバンバン買っている。

理由は何かというと、日本円にして1500万円、正式には3000万円ですが、1500万円投資してマンションを購入すると、バヌアツのパスポートをもらえます。ノービザで行ける国のランキングでは、バヌアツのほうが中国より、はるかに高いのです。

もちろん日本がトップですが、バヌアツは40位ほどで、中国は75位ほどですから、中国人がどんどん入っています。みな、二重国籍です。

いま、アメリカが警戒するのは、中国がマーシャル群島まで来ていることです。サイパンにも進出しています。サイパンに大きなカジノホテルを建てました。

編集　サイパンには、米軍の広大な基地がありますよ。

宮崎　アメリカの縄張りですが、そういうところに中国は入り込んで行く。行って見てきました。本当に大御殿のようなカジノがあります。写真撮ろうとしたら、拒否されました。

そのような中国の露骨な覇権主義に、オーストラリアは反中に転じましたが、ニュージーランドは、かなり温度差があります。

ニュージーランドは中国の5Gに前向きでした。ファーウェイも巨大なニュージーランドの本社ビルを建てていますし、かなり中国資本が浸透しています。

ただし、カナダ、ニュージーランド、オーストラリア、イギリス、アメリカ、これらの国は「ファイブアイズ」といって、諜報機関が情報を共有しているので、これからは抜けられません。だからニュージーランドも、中国に対して甘い態度は見せていますが、いざとなれば、米英につかざるをえないということになると思います。

約束を守らない中国に怒り始めたアフリカ諸国

宮崎　最後にアフリカです。

アフリカと中国は、3年に一度、中国・アフリカ会議を開催していて、55の国のうち、国交のないスワジランド（現エスワティニ）以外の54カ国の国家元首は、ほとんど北京に来ます（2020年はコロナの影響でテレビ会議となった）。

しかし、中国は3年ごとに600億ドル支援しますと言いながら、3年経っても88億ドルしか支援していないので、アフリカの諸国も怒り始めています。約束が少しも守られていないじゃないかと。

それから中国は資源国にしか重点的に投資していません。アンゴラ、ナイジェリア、それからコンゴです。ジンバブエはやめてしまいました。あまりにも腐敗政権だからということで。

アンゴラは油が出ます。コンゴはレアメタルのコバルトが出ます。ナイジェリアには石油があります。しかし、エジプトは石油が出ません。そういうことです。

アフリカでの、中国の最大の失敗はリビアです。カダフィ（ムアンマル・カダフィ）に入れ込んで100ものプロジェクトを進めていました。しかし、カダフィが転んだので、

2020年6月に開催された中国・アフリカ特別サミットはコロナの影響でテレビ会議となった（2020年6月17日、写真：新華社/アフロ）

内戦のときに3万6000人の中国人労働者が帰って来ました。その後、ほとんど行っていません。

プロジェクトは全部、そのまま放置です。中国はこれの費用をリビアに請求しましたが、いまの政権はカダフィがやったことだからと撥ねつけています。

そもそも中国がアフリカに力を入れる理由は、国連の票です。まとめて54票ですから、大きいです。

これで全世界を俯瞰してきましたが、「一帯一路」の実態は、行く先々で問題だらけ。成功した例は2～3しかありません。計画どおりにいけば、1兆ドルほどの投資になっているはずですが、注ぎ込んだお金は、いまのところ2800億ドルぐらいです。

成功例が少ないということは、もし、70%が不良債権だと、中国経済を圧迫するでしょう。かなり大変になるということです。現在の状況が結論とは言いませんが、現状における総括といえます。

だから中国は最近、「一帯一路」のこと、あまり口にやかましく言わなくなりましたね。もう失敗はわかっているのだと思います。覇権主義は成功しません。

宮崎 正弘（みやざき まさひろ）

1946年金沢生まれ。早稲田大学中退。日本学生新聞編集長などを経て、1982年『もうひとつの資源戦争』（講談社）で論壇へ。中国ウォッチャーとして綿密な現地取材で定評がある。主な著作は『新型肺炎、経済崩壊、軍事クーデターで、さようなら習近平』（ビジネス社）、『世界を震撼させた歴史の国、日本』（徳間書店）、『中国大分裂』（ネスコ）など多数。

第二章

中国の火事場泥棒戦略

コロナの隙に乗じて尖閣《せんかく》諸島に進出する中国の野望

相手の隙を突いて領土を奪う。中国古来の孫子の兵法に襲われた尖閣諸島。

時任兼作（ジャーナリスト）

2カ月以上にわたって毎日現れた中国船

ユーラシア大陸に続く東シナ海の大陸棚外縁部に位置する尖閣諸島。その周辺海域では、中国の船団が2カ月以上にわたって一日も欠かさずに現れるという異常事態が起こっている。実力行使で日本の領土・領海を奪うかのような勢いだ。

世界中で猛威をふるう新型コロナウイルスの発生源たる責任も、首都・北京を襲うその第二波も、どこ吹く風。中国・習近平国家主席の野望はとどまるところがない。6月末には香港国家安全維持法を制定して、香港の民主化運動を蹂躙《じゅうりん》。片や海洋進出にも余念がないといった奔放ぶりだ。とりわけ尖閣諸島周辺海域への攻勢は苛烈を極めている。

この問題をかねて注視してきた防衛関係者が語る。

「中国は、自国のコロナ被害がピークを越えるや、世界中がその被害になお翻弄されているのを好機とみて、海洋進出を加速させることにしたようだ。とくに日米がコロナの対応に追われているのをいいことに、尖閣への攻勢を強めた」

それにしても、よその国の領土・領海を奪おうとは、いったいどんな了見なのか。

そもそも沖縄本島から遠く離れた尖閣諸島は、東シナ海に浮かぶ面積数キロ平方メートルからわずか数十平方メートルの5島――魚釣島《うおつりじま》、北小島、南小島、久場島《くばじま》、大正島と岩礁などからなるが、はるか昔には日本人が居住していたこともある日本の領土であり、その周辺は日本の領海だ。

尖閣諸島問題の対応に当たる内閣官房の領土・主権対策企画調整室は、こう述べている。

《尖閣諸島が日本固有の領土であることは歴史的にも国際法上も明らかであり、現に我が国はこれを有効に支配しています。したがって、尖閣諸島をめぐって解決しなければならない領有権の問題はそもそも存在しません》

日本が正式に尖閣諸島を沖縄県に編入し、固有の領土としたのは、1895年。同諸島が、その時点で無人島であり、またほかの国の支配が及んでいないことを確認したうえでのことだったという。

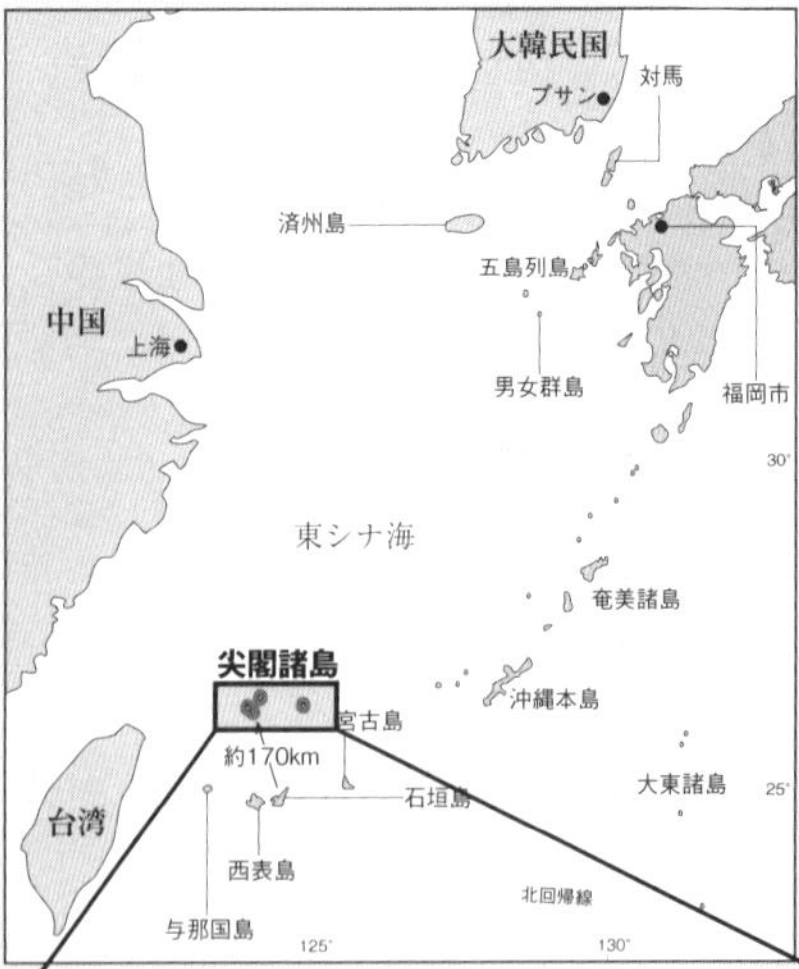

尖閣諸島

⊙諸島の特徴（沖縄県石垣市登野城）
魚釣島、久場島、南小島、北小島、大正島の5つの島と、沖の北岩、沖の南岩、飛瀬の岩礁からなる諸島。

⊙座　標	北緯 25度43分24秒－25度55分21秒 東経123度28分25秒－124度33分31秒
⊙場　所	東シナ海
⊙気　候	亜熱帯
⊙総面積	5.56km²
⊙主要な島	魚釣島、久場島、大正島 北小島、南小島
⊙最高標高	363m（魚釣島奈良原岳）
⊙交　通	定期便はなし
⊙主な産業	なし
⊙人　口	無人

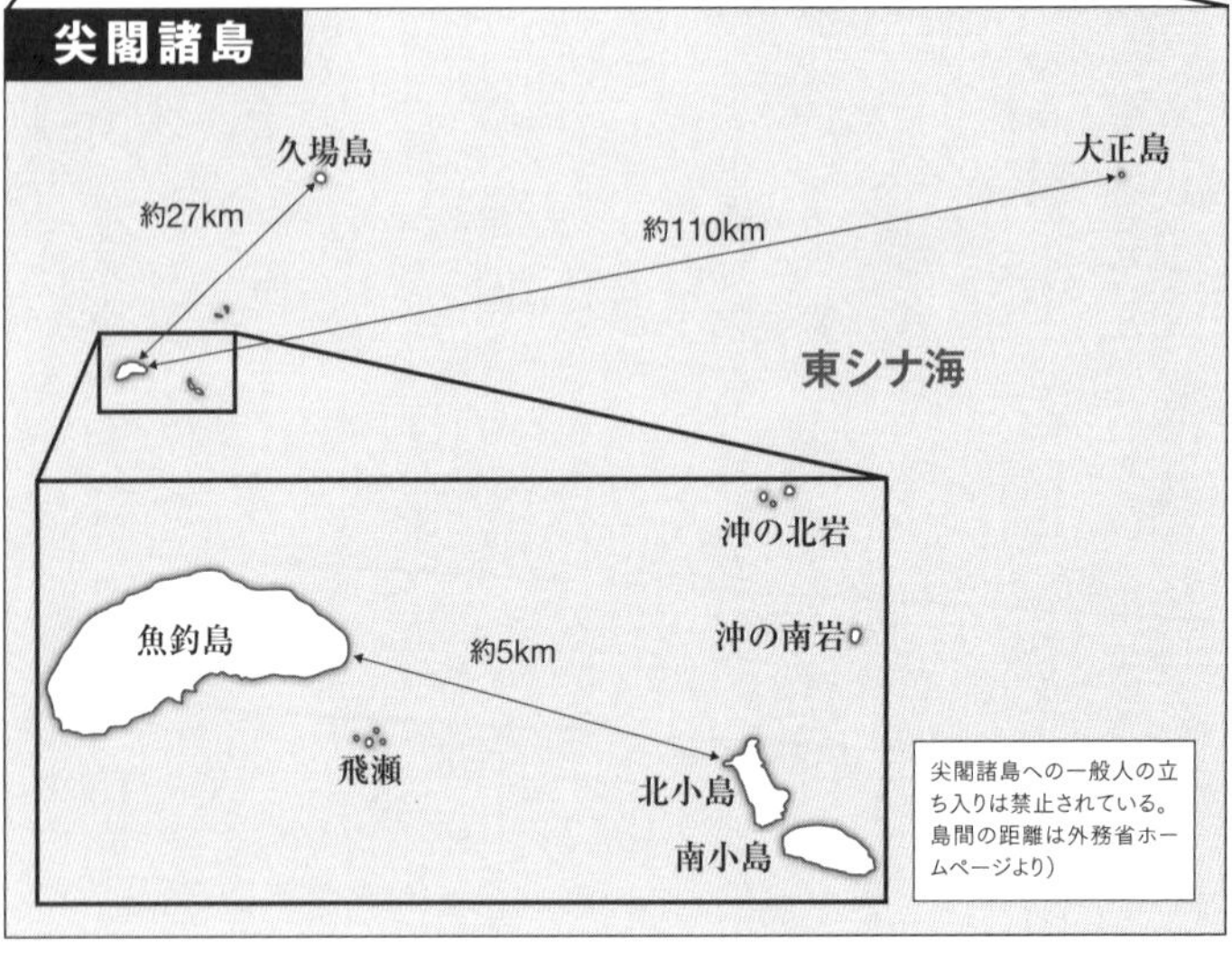

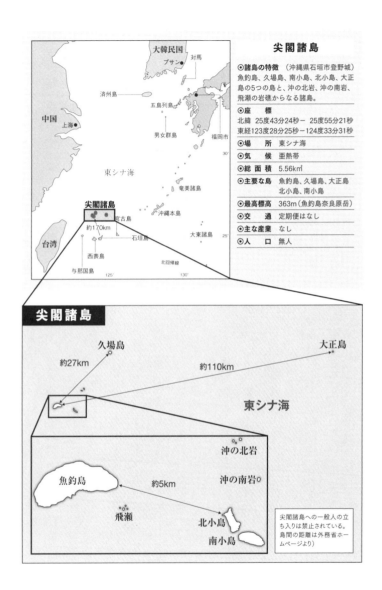

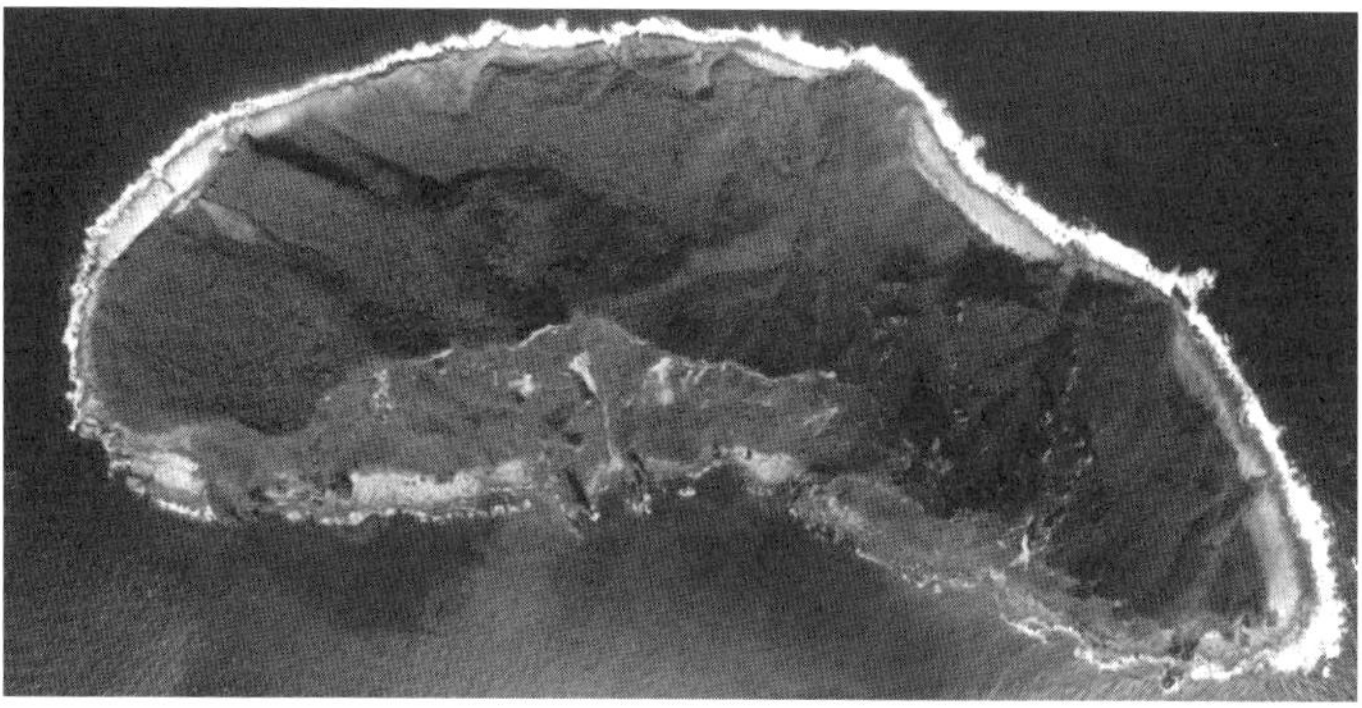

尖閣諸島で最大の島、魚釣島（写真：国土画像情報・カラー空中写真・国土交通省）

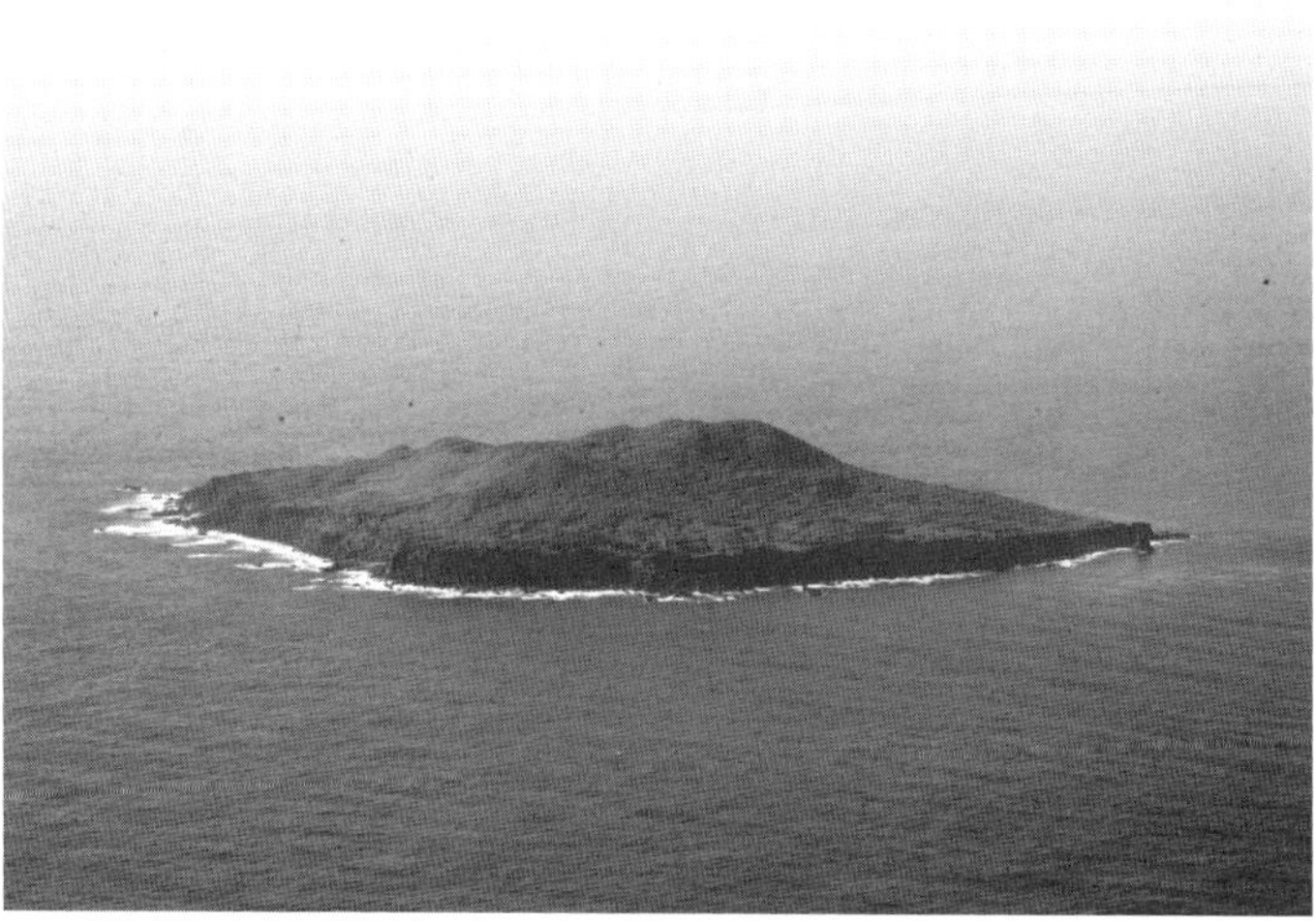

尖閣諸島で二番目に大きい、久場島（写真：海上保安庁レポート2011年度版より）

その後、同諸島は民間に払い下げられ、魚釣島を中心に羽毛採取やかつお節製造などの事業が一時期、活発に営まれた。第二次世界大戦後には米国の施政下に置かれたものの、1972年に沖縄（琉球諸島及び大東諸島。琉球諸島には沖縄本島をはじめ、尖閣諸島も含まれているとされる）の返還に伴って日本領土に復帰した。

中国の狙いは石油資源と太平洋への進出

ところが、中国政府は1992年に「中華人民共和国領海および接続水域法」を制定・公布し、尖閣諸島をそのなかに含めた。2008年以降は、尖閣諸島から12海里（1海里は1852メートル）の日本の領海と、そこに接する幅12海里の接続水域に中国の船舶を派遣するなど日本への挑発行動を繰り返した。

また、2012年に日本が尖閣諸島を国有化すると、それと同時に魚釣島などに領海基線（領海、接続水域、排他的経済水域などの範囲を定めるための起点となる線）を設定。さらに2013年には、尖閣諸島空域を含む東シナ海上空に防空識別区（防空識別圏）を設けた。

あくまでも中国の領土だとしているのである。

こうした動きをする中国の狙いは、いったい何か。先の防衛関係者は、こう分析する。

中国が想定する第一列島線、第二列島線という軍事戦略構想

「ひとつには資源だ。中国は、1968年に行われた国連の資源調査により尖閣諸島周辺の大陸棚に石油資源が埋蔵されている可能性のあることがわかって以降、自国領だと主張しはじめた。中国の古文書や地図に尖閣諸島の記述があることなどを持ち出し、島々を発見したのは歴史的には中国が先で、領有していたのは明らかというのだ。今日に至るも、その主張は変えていない」

資源獲得以外にも、別の

目的があるようだ。防衛関係者は続けた。

「もうひとつが、軍事。尖閣諸島は、中国軍が太平洋へ出ようとする道筋にある戦略的な要衝と言える。また、防衛の観点からも重要視されている。中国が自国の防衛ラインとして想定している『第一列島線』のなかにあるからだ」

「第一列島線」とは、日本列島を経て台湾、フィリピン、ボルネオ島に至る島々の連なりを指す軍事用語だ。もともとは中国共産党中央軍事委員会主席などを務めた最高指導者・鄧小平《とうしょうへい》の腹心であった海軍司令官・劉華清《りゅうかせい》が1982年に打ち出した中国軍の戦力展開のための地理的概念だという。中国海軍および中国空軍の対米国防ラインとされる。現在、習主席が率いる中央軍事委員会は、台湾や尖閣諸島、南シナ海の島々を断固譲れない「核心的利益」と位置づけている。

ちなみに、「第二列島線」という用語もこの時以降、用いられるようになるが、こちらは日本列島から伊豆諸島、小笠原諸島を経てサイパン島、グアム島、パプアニューギニアに至るラインを指している。この列島線は台湾有事に備え、中国海軍が米海軍の介入を阻止するための海域とみられている。

今日につながる中国海軍の戦略を提唱した劉華清は、「中国近代海軍の父」「中国航空母艦の父」などと呼ばれているというが、この戦略に基づいて行われている中国の動きは著しい国際的な緊張と摩擦を生じさせている。

米軍に感染者が出た時を狙って東シナ海に進出

中国は今年（2020年）4月、ベトナム、フィリピン、マレーシアなど各国が領有権を主張する南シナ海に新たな行政区を設置すると発表し、物議を醸した。と同時に、尖閣諸島周辺海域に対する挑発行為をエスカレートさせた。

4月11日、中国海軍初の航空母艦「遼寧《りょうねい》」など6隻の艦隊が初めて沖縄本島と宮古島の間の海域（宮古海峡）を通過した。2019年6月以来のことであった。

「遼寧」は、全長305メートル、最大幅78メートルで30ノット（時速約56キロ）の速力をもつ艦船だ。兵員はおよそ2000名、また戦闘機は24機を搭載でき、対空ミサイルや対潜ロケットを装備している。その艦船が補給艦などを従えて6隻で航行し、その後、南シナ海で演習を行ったため、防衛省は警戒を強めた。海上自衛隊の護衛艦と哨戒機が対応に当たった。

同船団は、4月28日にも宮古海峡を通過し、今度は東シナ海に向けて航行。防衛省によると、「遼寧」が宮古海峡を往復したのは初めてだという。また、演習の狙いについて同省は、乗組員に新型コロナウイルス感染が広がった米海軍の航空母艦などの即応力を試そうとしたことに加え、宮古島に配置された陸上自衛隊のミサイル部隊を牽制する狙いがあったとみられるとの見解を示した。

事実、米海軍は4月23日、横須賀基地を母港とする原子力空母「ロナルド・レーガン」で新型コロナウイルスの感染者が少なくとも16人に達したことを明らかにした。同艦は定期整備のため横須賀に停泊中であったものの、その影響もあって出港のめどが立たない状況だとした。

また、これに先立ち米海軍は4月18日、同じく太平洋艦隊に所属する原子力空母「セオドア・ルーズベルト」の乗組員655人が新型コロナウイルスに感染したことを発表。グアム島の基地に停泊したことを明らかにした。

この措置をめぐっては、ブレット・クロージャー艦長が解任されるなどの混乱もあった。同艦長が国防総省宛に3月30日付で書簡を送付し、米兵が戦争以外で死亡するのを防ぐよう対応を強く求めたところ、米海軍は4月2日に艦長を解任。トーマス・モドリー長官代行は、クロージャー艦長について「極めて不適切な判断を示した」と述べていた。

そうした混乱のなか「セオドア・ルーズベルト」は停泊を続け、活動を再開したのは5月後半になってのことであったが、相次ぐ活動停止という事態を前に、中国軍はその動向を探っていたとみられている。

この間、中国海警局（中国人民武装警察部隊の一つで、領海の警備、監視、犯罪取り締まりになどに当たっている）も積極的な行動に出ている。4月14日に日本の領海のすぐ外側にある接続水域に3隻の船を出したのを皮切りに、一日も欠かさず、尖閣諸島周辺海域に現れるようになったのである。

5月には、3日間にわたって日本漁船を追尾するという挑発行為も確認された。同月8日、中国海警局は4隻の船を尖閣諸島周辺の接続水域に出し、うち2隻が領海を侵犯。魚釣島の西南西約12キロの海上で操業していた漁船に接近し、追尾を開始したのである。

警備に当たっていた海上保安庁の巡視船が間に入り、漁船の安全を確保したものの諦めず、中国船は漁船が接続水域に出ると接続水域に、漁船が領海に入ると領海にといった行為を3日間にわたって続けたのだ。

石垣市による尖閣の地名変更に対抗措置をとる中国

日本政府はただちに中国政府に抗議したが、中国政府はあっさりとはねつけた。中国外務省の趙立堅報道副局長は、5月11日の記者会見で「日本漁船が中国の領海内で違法な操業をしたため、海域から出るよう求めた」と述べて海警局の行動を正当化したうえ、海上保安庁の対応を妨害行為と断じ、再発防止を求めたのだった。

6月に入ると、今度は潜水艦が投入された。防衛省によると、6月18日から20日にかけて中国海軍所属の潜水艦が鹿児島県奄美大島周辺の接続水域を潜水航行したという。その翌日の21日には、尖閣諸島周辺海域で漁船が中国船4隻に追尾される事件がまた発生した。

尖閣諸島の地名変更にも、中国は敏感に反応した。6月22日、沖縄県石垣市議会が尖閣諸島の名称を「登野城《とのしろ》」から「登野城尖閣」に変更する議案を賛成多数で可決すると、中国は即反発したのである。

中国外務省の趙副局長は「断固反対する」と表明。さらに23日、中国自然資源省は東シナ海の海底地形の名称一覧表を発表したが、そこには尖閣諸島周辺も含まれており、尖閣諸島の中国名である「釣魚島《ちょうぎょとう》」の名前を冠した「釣魚窪地」「釣魚海底峡谷群」などといった名称も入っていた。

自然資源省はホームページ上で「地名に関する使用をさらに規範化するため、東シナ海の一部の海底地形に実態的で標準的な名称を与えた」と説明しているものの、自国領と主張している尖閣諸島の名称を日本が変更したことに対抗する措置であるのは明らかだ。

こうしたなか、海警局の船団派遣は継続され、7月2日には連続80日という異例の事態に至った。これまでの最長記録であった65日を優に超えるものだ。

しかも、またもや領海侵犯と漁船追跡を行ったばかりか、今回は領海内にとどまり続けた。第11管区海上保安本部によると、7月2日、尖閣諸島の沖合に海警局の船4隻が現れ、そのうち2隻が日本の領海に侵入したという。その後、2隻は魚釣島の西およそ7キロの海上で日本の漁船に接近した。海上保安本部は、巡視船を海警局の船との間に入れるなどして漁船の安全を確保すると同時に領海から出るよう警告も発したが、2隻は黙殺。その後も領海内にとどまったのである。

一触即発の危機にも対応の鈍い日本

一触即発の事態だ。ところが、これに対し、日本の対応は鈍い。

菅義偉《すがよしひで》官房長官は、7月2日の記者会見で「尖閣諸島は歴史的にも国際法上も疑いのないわが国固有の領土であり、現に有効に支配している。中国側の活動は深刻に考えており、巡視船による警告や外交ルートを通じた厳重な抗議を繰り返し実施している」と述べ、また6日には「わが国の領土、領海、領空は断固として守るとの方針のもとに緊張感を持って関係省庁間で連携し、尖閣周辺の警戒監視に万全を期していく」と語ったものの、習主席の国賓来日をめぐって自民党の外交部会が中止を求める決議案を政府に提出する動きがあることについて問われると、「政府としてコメントすることは差し控えたい」という案配だった。

しかるに中国はというと――。

外務省の趙副局長は3日、日本側の厳重抗議に対し、「絶対に受け入れない」と主張。さらに、6日の記者会見では、こう言い放った。

「このほど中国海警局は釣魚島海域で通常の巡航時、日本漁船1隻が釣魚島領海に不法侵入したのを発見した。中国海警局の船は法に基づいてこの漁船に対して追跡と監視を実施し、中国側海域から即時に立ち退くよう要求した。中国側が、すでに外交ルートを通じて日本側に厳正な申し入れを行い、中国の主権への侵害を直ちにやめるよう促した。釣魚島及びその附属島嶼《とうしょ》は中国固有の領土であり、釣魚島海域での巡航と法執行は中国固有の権利だ」

日本政府は習主席への対応を見てもわかるとおりに、なんとかなると思っているかのようだが、それに対する中国の反応を見ると、もはやそんな段階ではない。

「中国は本気でやる気だ。尖閣をぶん捕るつもりで仕掛けている」

防衛関係者もそう語る。そして、興味深いレポートがある、と言って続けた。

「ワシントンにあるシンクタンクで米国の防衛戦略に大きな影響力をもつ『戦略予算評価センター（CSBA）』が5月19日、『Dragon Against the Sun: Chinese Views of Japanese

Seapower（龍対日：日本のシーパワーに対する中国の見方）』と題する論文を発表した。同センターの上席研究員で、海軍大学（U.S. Naval War College）で戦略担当教授を務めるなどした軍事専門家であるトシ・ヨシハラ氏が執筆したものだが、太平洋戦争について書かれた歴史書『Eagle Against the Sun: The American War with Japan（鷲対日：日米戦争）』にちなんでタイトルを付けたようだ。

このなかでヨシハラ氏は、過去10年間で中国海軍が艦隊の規模、総トン数、火力等の重要な戦力において海上自衛隊を追い越したと指摘し、中国の指導者は、中国海軍のほうが優位であるという見通しによって、日本との局地的な海洋紛争において攻撃的な戦略を採用するだろうと警告を発している。

尖閣諸島を奪取する中国政府の驚愕のシナリオ

論文には、中国が数日のうちに尖閣諸島を奪取する具体的なシナリオも記されていた。防衛関係者によると、以下のようなものだという。

1．海上保安庁の船が尖閣諸島海域に侵入する中国海警局の船を銃撃し、その後、中国海軍が日本側を攻撃

2. 尖閣諸島海域は戦争状態に。中国空母などが宮古海峡を通過し、日本側が追跡
3. 日本の早期警戒機と戦闘機が東シナ海の上空をパトロールするが、中国軍がそれらを撃墜
4. 自衛隊が併用する那覇空港を中国が巡航ミサイルで攻撃
5. 米国が日米安保条約に基づく協力要請を拒否。米大統領は中国への経済制裁に留める
6. 宮古海峡の西側で短期的かつ致命的な軍事衝突が勃発
7. 米軍は依然として介入せず、米軍の偵察機が嘉手納基地に戻る。中国軍は米軍が介入しないことを確認
8. 中国が4日以内に尖閣諸島に上陸

実際に中国がこうした作戦計画を立てているか否かは定かではないものの、尖閣諸島侵攻のための準備は着々と進めている、と防衛関係者は指摘する。

「第一に先兵役を務める海警局の船を大型化し、増強を図っている。海上保安庁の巡視船の多くは1000トン級だが、中国はこれをはるかに上回る3000トンから5000トン級の船を次々と投入している。なかには1万トン級のものもあり、大型の機関砲まで装備している。

機構改編や法改正を行い、海警局を準軍事組織に格上げもした。そもそも海警局は国務院傘下の国家海洋局に所属していたが、2018年に中央軍事委員会が指揮する中国人民武装警察部隊の傘下に配置換えになった。そして、今年6月、同部隊の組織法である人民武装警察法が改正され、戦時には軍と一体で動き、軍事作戦にも参加することになった。また、平時においても軍との共同訓練や演習などを実施するよう取り決められた」

まさに尖閣諸島奪取のシナリオに描かれた事態を想定しているかのような動きだ。中国は実際にやりかねないということである。

歴史を見ても、それはうなずける。

1974年、中国は南シナ海の西沙《せいさ》諸島をめぐってベトナムと交戦し、同諸島を奪取した。ベトナム戦争が終結し、米国が撤退した隙を突いてのことだった。

また1988年には、ソ連が衛星国への不干渉を表明してそれらの国々が相次いで民主化し、東西冷戦が終結へと向かうなか、ソ連の庇護を失ったベトナムに対し、やはり南シナ海にある南沙《なんさ》諸島の領有をめぐって海戦を仕掛け、ファイアリー・クロス礁、ジョンソン南礁、クアテロン礁、ガベン礁、ヒューズ礁、スービ礁を奪った。

さらに1989年に東西冷戦が終結し、それを受けて1991年末、米国がクラーク空軍基地、スービック海軍基地をフィリピン政府に返還し同国から撤退すると、この直後から南沙諸島において中国軍が活動を活発化。1995年、フィリピンが実効支配していたミスチーフ礁を占拠し、建造物を構築したのだ。

いずれも、戦力に勝る大国の不在を突いたものであった。

安保条約第5条で日本を守るはずのアメリカだが……

そして、現在――。米国はドナルド・トランプ大統領のもと「米国第一主義（アメリカン・ファースト）」を掲げ、国際協調に背を向けつつある。軍事介入にも消極的だ。先に触れたシナリオのように、たとえ尖閣諸島が攻められても、米軍が動かない可能性がある。

「中国の侵略史から見て、尖閣諸島問題でキーになるのは米国のプレゼンス（存在）なのだが……」

防衛関係者も、歯切れが悪い。

米国は、公式には尖閣諸島も日米安保条約の範囲内であるとしている。その第5条には、こう明記されている。

《各締約国は、日本国の施政の下にある領域における、いずれか一方に対する武力攻撃が、自国の平和及び安全を危うくするものであることを認め、自国の憲法上の規定及び手続に従って共通の危険に対処するように行動することを宣言する》

２０１７年2月に来日したジェームズ・マティス米国防長官（当時）も、「尖閣諸島は日本の施政の下にある領域であり、日米安保条約第5条の適用範囲だ」としたうえで、「米国は尖閣諸島に対する日本の施政を損なおうとするいかなる一方的な行動にも反対する」と中国を牽制している。

バラク・オバマ前大統領の発言を踏襲したものだ。２０１４年4月に行われた日米首脳会談の際、オバマ前大統領は「日本の施政下にある領土、尖閣諸島を含め、日米安保条約第５条の適用対象になる」と明言したのである。

概してオバマ前大統領に批判的なトランプ大統領も、日米安保条約を順守する姿勢では一致しているかにみえるのだが……。

防衛関係者は、こう付言した。

「いまの状況からすると、手放しで安心していいものかという懸念がある」

トランプ政権で国家安全保障問題を担当したジョン・ボルトン大統領補佐官は、トランプ大統領と対立し解任される以前には、「米国第一主義」との類似が指摘される「モンロー主義（相互の内政や紛争等には干渉しないとする孤立主義）」を公然と唱え、「今日、我々は万人の前で誇りをもってモンロー主義は健在であると宣言する」などと演説したこともある。

「これこそがトランプ政権の本音なのではないか」

防衛関係者は、そう語ったうえで、さらなる警句を発した。

「尖閣諸島が竹島にダブってしまう。同じようなことが起こらなければいいが……」

竹島を武力で取られた過去に学ばないのか

島根県沖の日本海に浮かぶ竹島については、苦い歴史がある。

領土・主権対策企画調整室は、尖閣諸島に対するのと同じく、こう述べている。

《竹島は、歴史的事実に照らしても、かつ国際法上も明らかに日本固有の領土です。韓国による竹島の占拠は、国際法上何ら根拠がないまま行われている不法占拠であり、韓国がこのような不法占拠に基づいて竹島に対して行ういかなる措置も法的な正当性を有するものではありません》

韓国が不法占拠を行ったのは、1952年1月。韓国初代大統領であった李承晩《りしょうばん》が「隣接海洋に対する主権宣言」を発し、日本海の公海上に韓国の主権が及ぶ範囲を示す境界線(「李承晩ライン」と呼ばれている)を一方的に設置した。竹島はそのなかに含まれていたのである。

この宣言に対しては、日本ばかりか米国も「国際法に反する」と強く抗議したが、韓国

日本の領土であるが、韓国に侵略されて、いまでは観光地になっている竹島（2019年7月4日、写真：YONHAP NEWS/アフロ）

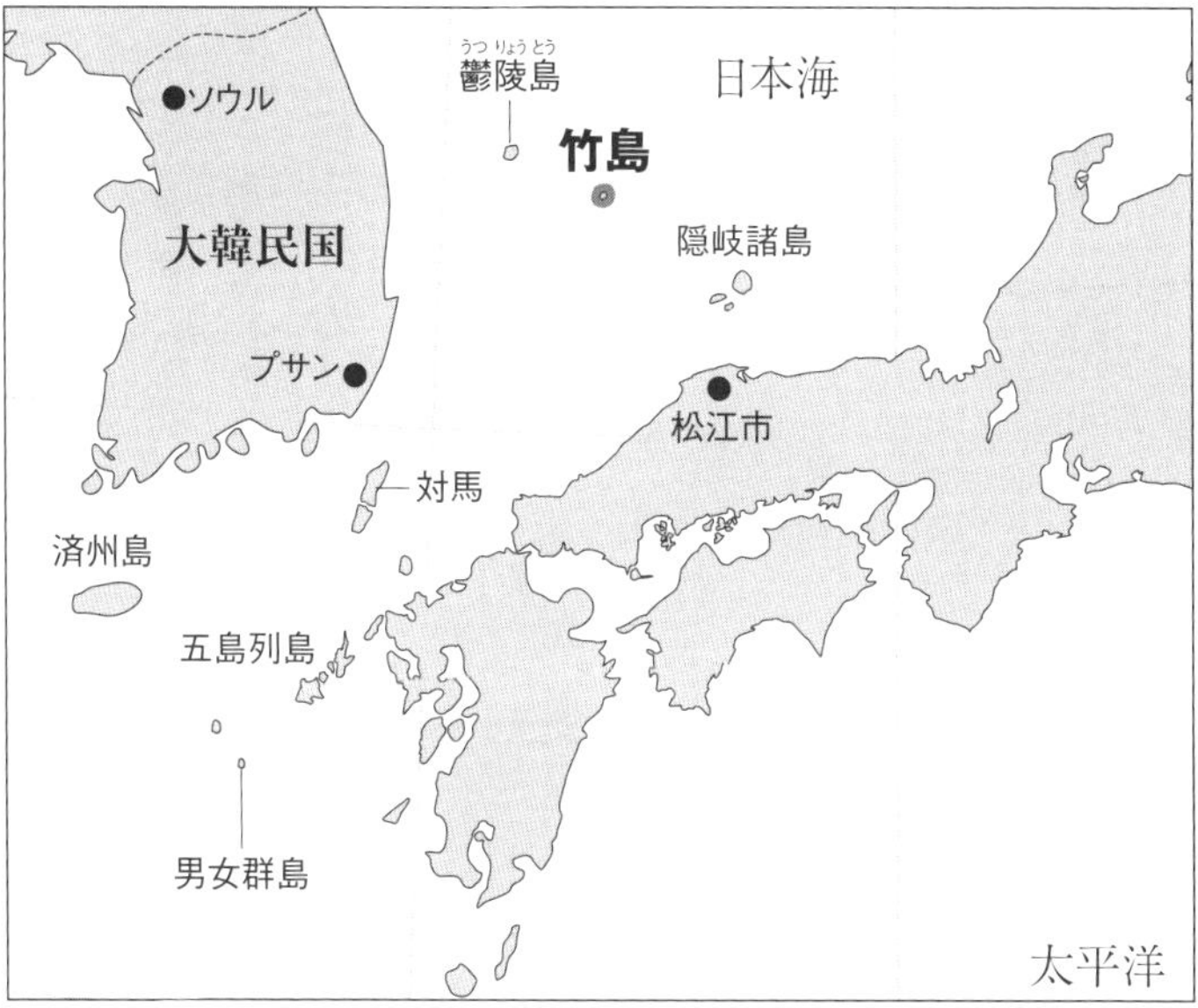

は聞き入れようとはしなかった。それどころか1953年1月には、「李承晩ライン」内の日本漁船の拿捕《だほ》を指示。翌2月には、拿捕に伴う銃撃で日本人の死亡者も出た。

そして4月に入ると、「独島（竹島の韓国名）義勇守備隊」なる組織を竹島に送り込んで駐屯させ、1954年6月には韓国沿岸警備隊の駐留部隊を竹島に派遣した。そうしたなか、竹島周辺を航行中の海上保安庁巡視船が銃撃される事件も発生した。

その後も韓国側は不法占拠を続けた。警備隊員を常駐させたばかりか、宿舎や監視所、ヘリポートなどを構築したのである。現在に至っては、韓国の観光地化している。

「一度、取られてしまったら、容易に取り返せないのが領土というものだ。北方領土と同じだ。尖閣諸島が3番目になるようなことは断じて容認できない。仮に米国が頼りにならないならば、独自で防衛できる装備や体制を構築しなければならない。中国は力をもって日本を取りに来ているのだ」

防衛関係者は、そう総括した。

北海道根室半島沖にある北方領土は、第二次世界大戦での日本の敗戦が色濃くなり、軍が壊滅状態にある最中、だまし討ちのようにしてソ連に奪われ、いまだ返還されていない。

領土問題に取り組む政治家の一人は、こんな考え方を示した。

「米国が当てにならないなら、核武装という禁じ手がある。戦艦や空母、戦闘機に莫大なカネをかけ、また自衛隊員の生命を危険にさらすことを考えれば、核兵器を持つほうが合理的だ。日本の技術からすれば難しいことでもない。兵器や装備のレベルで日本よりも、はるかに貧弱な北朝鮮に世界各国が配慮するのをみればわかるとおりで、一考の価値はある」

核武装はもちろんのこと、通常の兵器や装備の増強にも大いに躊躇《ちゅうちょ》はあろう。だが、領土保全のためには、何らかの対抗手段を講じざるをえない。そんなことを迫られるほどに、中国はいま領土拡大の野望のもと、暴走しつつある。

時任 兼作（ときとう けんさく）
慶應義塾大学経済学部卒。ジャーナリスト。出版社勤務を経て取材記者となり、各週刊誌、月刊誌に寄稿。カルトや暴力団、警察の裏金や不祥事の内幕、情報機関の実像、中国・北朝鮮問題、政界の醜聞などに取り組む。著書に『特権キャリア警察官 日本を支配する600人の野望』（講談社）、『「対日工作」の内幕 情報担当官たちの告白』（宝島社）など。

すべてを監視、管理する！ITで世界覇権を狙う中国

中国は5Gで世界を監視、管理しようとしている。そして私たちの自由を奪うのだ。

深田萌絵（ITビジネスアナリスト）

戦争の終わりとデジタル監視社会

新型コロナで情報技術と現実が融合される「DX（デジタルトランスフォーメーション）」が進行している。

ソーシャル・ディスタンスのために人々は直接顔を合わせなくなり、知人とのお喋りや仕事の商談も通話かビデオチャット、食事はウーバーイーツ、買い物はアマゾン、娯楽はYouTubeかネットフリックス。インターネット、通信が生活するうえでの「ライフライン」となった。

コロナ後からDXというキーワードがどこでも見られるようになったが、それ自体は何

年も前から入念に準備がなされていた。

5G、AI、スマートグリッド、スマートシティ、ブロックチェーンとDXにふさわしい技術が持て囃《はや》されてきたが、ある「一つのゴール」に向かっていることに気がつかないだろうか。共通点は、個人情報収集技術と監視だということ。そして、ゴールは中国共産党が実現しようとする「デジタル全体主義」の世界へとつながっていく。

「べつに、自分の個人情報なんて取られても平気」と軽く考えるかもしれないが、自分の生活が外国政府に筒抜けで、それが日本人1億2000万人全員が同じ状態になるのだ。日本国民監視はすでに始まっていて、私たちの日々の生活や行動がデータ化され、それを追跡すると政治家の行動までも透けて見えるのだ。

DXは世界からデータを収集し、AIで解析することによって全地球市民の政治思想から投票行動までが予測可能となる。ソーシャルメディアを通じた政治宣伝で諸外国の投票行動に影響を与える、郵送投票やネット選挙をハッキングして外国の選挙を不正操作する。そう、監視と洗脳によって「戦争は終わり」「平和な奴隷社会」が始まるのだ。

中国は諸国と戦わずして勝利した。社会信用制度を各国の決済システムに組み込み、外国人までも一人一人を「採点」し管理していく。日本でもアリペイ、ペイペイ、LINEペイ等の決済システムを利用すれば、「ゴマ信用」という中国社会信用制度に情報を提供する企業に信用データを管理される。

世界各国でコロナ対策アプリとして「接触者追跡アプリ」が推進され始めたが、最初に始めたのは台湾と中国だ。中国製「接触検出アプリ」をインストールすると、モバイル位置情報、GPSによって「どこ」にいるのか、Bluetoothで周辺のデバイス情報を取得して「誰と一緒にいるか」までもがデータセンターに集約されてしまう。これは、感染を防止するアプリに見せかけた国民監視システムである。

それは中国内部にとどまらず、ウイルスのように世界各国へと蔓延した。「接触確認アプリ」が各国で突然発表されたかにみえるが、推進団体は5年以上前から設立されており入念な準備がされている。グーグルやアップルが「接触確認アプリ」用のAPIを公開し、各国でアプリが開発されてスマホへのインストールをメディアが煽動している。韓国、インド、シンガポール、オーストラリア、気がつけば、日本でも類似アプリが推進されているが、ユーザーの個人情報が絶対に外国政府に漏れないよう適切に管理されるかは不明だ。

デジタルデータは暗号化されているから安心だなんて、まったくの素人の発想だ。グローバリゼーションによって、暗号は国際標準化され、中国はほとんどの暗号を解読できる。中国暗号法の下で中国共産党に解読できない暗号は利用できなくなり、政府レベルの機密文書に用いられる暗号は量子コンピュータで解読できるのだ。

「コンピュータ技術でトップを走っているのは米国や日本ではないのか」なんて勘違いもはなはだしく、そんな時代はとっくに終わっている。世界のスマホの75%、ノートパソコンの86%は中国で製造され、世界の半導体チップの過半は台湾で製造されている。

中国にスパイチップを製造され、それを格安デバイスとして世界で販売されるのは、世界覇権を握っていた米国政府にとって脅威だ。米議会で中国大手通信企業ファーウェイを「スパイ企業」と名指ししたのが2013年。その後、トランプ政権によって国防権限法でファーウェイを取引制限企業として指定し、製品の排除を進め、同盟国にもファーウェイ製5G基地局導入撤回を求め始めた。それは「デジタル監視インフラ」の完成が、世界が中国によって支配される日を意味するためだ。

盗まれたPRISM計画

デジタル監視インフラは、一見して普通のインフラと見分けがつかない。そして、米国が叩く5G通信だけを指すわけではない。陸の5G通信網とスーパーグリッド（国際送電網）、海の海底ケーブル網、空の衛星通信網だ。陸・海・空の通信網を合わせることにより、24時間常時三次元的に世界中の情報を収集することが可能となる。

20年前には、大都市のメインストリートが所狭しと屋台で埋まっていたような国が、い

5Gから排除された英国のファーウェイ（2020年7月14日、写真：AP/アフロ）

まや量子コンピュータ技術や人工知能技術分野で世界最先端を走っている。戦場という制限を超えた「超限戦」という戦いで中国は世界に君臨しようとしているのだ。世界中の情報を収集し、真実の情報が流れないように操作できれば「情報戦」だけで十分に勝てる。

その「諜報インフラ」の基礎となるハードウェア技術を築いたのはファーウェイである。「情報収集」に必要な通信インフラを世界各国に格安で提供してきたのが、ファーウェイ、ZTEだ。米政府によりその危険性を指摘されて利用を制限されて以来、日本、カナダ、イギリス、豪などは「中国製5G基地局」を制限し始めた。

米国が中国による諜報インフラ構築にいち早く気づくことができたのは、基礎技術を開発したのが米国政府そのものだからだ。9・11以降のテロ防止策として、世界中のメールや通話をIT技術で監視するPRISM計画が始まった。それに参画したのが、米大手IT企業であるマイクロソフト、Google、Yahoo!、Facebookなどで、プラットフォーム企業として収集したユーザーの通話やメッセージの内容を解析して米政府に届けていた。

ところが、習近平政権に移り変わるころ、「スノーデンの米政府PRISM計画『暴露』事件」が発生し、メディアからの大バッシングの末に米政府はPRISM計画を縮小せざるをえなかった。スノーデンと中国政府の関係はわからないが、スノーデン騒動が収束するころにはPRISM計画参画企業は、個人データや言論統制、人工知能技術までを中国に渡すようになっていた。

すでに中国は、米IT企業などを通じて世界中からデータを収集している。米国ですらなしえなかった監視システムを完成させたのは中国で、それを支えたのは、世界で最も安いコンピューター製造能力でデータセンターや通信インフラを構築する技術力だ。

問題は、「それらのアルゴリズムを走らせる半導体技術はどこから来たのか？」という点だ。

本来、中国は、ワッセナー・アレンジメントと呼ばれる新ココム協定において輸出規制対象国であり、米国のデュアルユース技術にアクセスすることができない。ところが、国際協定の抜け穴となってきたのが、台湾と中国の間を往来する中華マフィア「青幇《チンパン》」という存在だ。

台湾が技術移転の入り口

多くの人が見落としているが、中国の野望を裏で支えているのは台湾だ。

台湾は一般の人には親日家が多いが、政界経済界ともに上層部は大陸系の外省人《がいしょうじん》に牛耳られている。日本人がイメージする「親日」とは異なり、蔡英文《さいえいぶん》総統や馬英九《ばえいきゅう》元総統は尖閣諸島を台湾の領土と主張し、日本に慰安婦謝罪を求め、昭和天皇の御真影《ごしんえい》を焼く展示を開くなど、日本では報道されないだけで日本に対しては強硬な姿勢をとっている。

台湾でこういった反日政策をとらせているのは、世界大戦で勢力を伸ばした中華マフィア「青幇」である。戦時に上海租界地をベースに杜月笙《とげつしょう》を頭領として栄えた「青幇」は、戦後香港に拠点を移し、大陸と台湾に分かれていった。

86年に締結された日米半導体協定で、日本は米国に出荷する半導体に関して多くの制限をかけられるようになった。そこで、日本企業は制裁逃れのために台湾に工場を建て、半導体技術を移転して米国へ出荷するようになった。それがすべての始まりだ。

そして、87年に中国でファーウェイが創業され、ファーウェイの成長を支えるために同年に台湾で創業されたのが大手半導体ＴＳＭＣとメモリ中堅ウィンボンドで、ソフトバンクはファーウェイ製品の浸透にひと役買っている。

その背景にあるのは、ファーウェイ創業者任正非《じんせいひ》の妻の実家である孟家、ウィンボンド創業一族の焦家、アリババとソフトバンクの幹部である蔡崇信の祖・蔡家が三代前からお互いに助け合う「青幇」コアメンバーとしての濃いつながりを持っているためだ。

台湾を通じて中国への本格的な技術移転は92年から始まる。その年、日本の経団連にあたる中国海峡両岸関係協会と台湾海峡交流基金会が「九二共識《きゅうにきょうしき》」（92年合意とも）と呼ばれる「一つの中国」という認識を台中間でもつ協定に合意した。

これは、中国海峡両岸関係協会と台湾海峡交流基金会という中国と台湾に分裂した「青幇」が、再度海峡を越えて協力し合い二つに分かれた中国を一つにするという意味だ。その協定が結ばれた年から台湾から中国へ技術移転が始まった。

対象となったのは軍事技術や半導体技術などの「デュアルユース（軍民両用）技術」である。中国は共産圏として輸出規制対象国であるために、最新鋭の製品を欧米から直接購入することができないという問題があった。そこで、着目されたのが「中国であって中国ではない」という立ち位置にある「台湾」という地域だ。台湾は親日、親米、親仏という立場で中国がアクセスできない技術や製品にアクセスできる。

まず、戦艦や戦闘機を開発したかった中国は、台湾政府が購入した仏トムソン社のラファイエット級フリゲート艦やミラージュ戦闘機の技術移転を「青幇」に依頼する。その結果、台湾が購入したラファイエットに搭載されていた兵器やその設計図は、そのまま中国の手に渡り、事件は国際裁判にまで発展した。それだけにとどまらず、米政府が開発していたF35戦闘機のチップや設計図面も台湾企業経由でファーウェイや中国人民解放軍に移転され、F35にそっくりなコピー戦闘機J31が中国で発表されるに至った。

スマートグリッドは監視インフラ

米政府によってファーウェイ製5G基地局が各国から締め出され始めているが、中国は世界監視インフラの構築を諦めていない。5G基地局の代替が、世界中を送電網でつなぐグローバル・スーパーグリッドだ。スーパーグリッドとは国境を越えてつなぐ国際スマートグリッドのことで、スマートグリッドは送電網と通信網をセットにして電力量を遠隔監視しながら使用量を操作する機能を有している。各家庭の中国製スマート家電にはカメラとマイクが搭載され、IoT技術でつながっていく予定で、それらの会話も家電からスマートグリッドの通信網ですべて中国へ筒抜けになるという仕組みだ。

そのために、中国は日本の家電メーカーや商標を買収してきた。日本製だと思って、シャープや東芝の家電を買うと通信チップとカメラが搭載されていて、情報が中国へ漏洩《ろうえい》する可能性がある。もはや、これらの家電は中国資本である。

世界中を送電網でつなぐといえど、普通に「中国と送電網でつなぎましょう」と言われると、各国国民は拒否したくなるだろう。そこで、重要なのがビジネス・プロパガンダだ。昨今、環境問題への配慮が話題になっており、各国で「ガソリンを燃やさないエコなEV車を増やそう」という政策が進んでいる。

その背景にあるのが、パリ協定で決められた二酸化炭素排出量問題である。世界最大の二酸化炭素排出国は中国であり、実に世界全体の排出量の3割を占めている。実際に二酸化炭素を排出している中国を規制せず、先進国だけ規制してエネルギーロスの大きいEV車を推進するのはエコだとは言い切れないだろう。

太陽光発電の課題は、日照時間中は太陽光発電が利用できるが、日が暮れると利用できない。普通に、原子力発電か火力発電を使えば済むところを「世界中を長距離送電通信網でつないで夜間は昼の地域から太陽光で発電された電気を送電しましょう」というプロパガンダで無理やり森林を伐採し、無駄な送電網を敷設して環境を破壊している。

時差が生じるほどの距離にある地域を送電網で結ぶのは、無駄が大きく非効率なソリューションだ。ところが、意識高い系は「環境に良いことをしている」と信じながら、「中国製電力システムが安いし性能が良い」とせっせと中国課報インフラを自ら金を払って構築していくという構図になっている。

パリ協定とセットになった中国諜報インフラ構築という構図を、米トランプ政権は把握している。だから、メディアに躍らされた人々に批判されてもパリ協定を離脱したのだ。

米大統領の「送電網に関する国家非常事態宣言」

2020年5月1日、米大統領トランプが「送電網に関する国家非常事態宣言」を発令し、送電網に対して安全保障上の脅威となりうる機器の輸入・使用を禁止した。

それを発令した理由のひとつは、ファーウェイと提携関係にある中国製の送電網用変圧器が外部から通信で操作できるリスクがあったということ。もうひとつはGEIDCO（全球能源互聯網発展合作組織＝グローバル・エネルギー・インターコネクション発展協力機構）という中国フロント（偽装）団体が推進するグローバル・スーパーグリッドがアメリカ国内でも静かに進行していたためだ。

GEIDCOは中国国家電網公司の元董事長（会長のこと）が率いる気候変動問題を提起した団体である。一見、グローバルな団体を装っているが、理事会メンバーはほとんど中国系である。副理事の二人は中国国家電網出身でファーウェイとも関係が深く、一人はオバマ時代の元エネルギー庁長官で中国系米国人のスティーブン・チュー氏、そしてもう一人はソフトバンクの孫正義氏だ。孫正義氏は、グローバル・スーパーグリッドの一部を構成する「アジア・スーパーグリッド構想」を提唱し、日本の送電網を韓国、ロシアを経由して中国につないでいくために太陽光発電事業を展開している。

非常事態宣言が発令されたきっかけは、メキシコの中西部にあるアグアスカリエンテス州における太陽光発電と国家送電網を接続する計画への参画企業がソフトバンクと親しい日系企業に買収されたことに端を発する。そのメキシコ政府の送電網は国境を越えて米テキサス州エルパソの送電網につながっていくのだが、エルパソの電力会社 Intersect Power

はソフトバンクの関連会社だった。米国の国内からファーウェイ製通信基地局の排除に躍起になっている、まさにその時に、スマートグリッドの姿をした中国諜報網の構築が進行していたのだから驚きだ。

さらにその送電網は、ファーウェイ製品の組立を行っているフォックスコンのウィスコンシン州工場へとつながっていくように送電網の敷設工事がなされていたのだ。もともと、フォックスコンの創業者がトランプ大統領に対して米国へLCD（液晶ディスプレイ）工場を作るという約束で始まったものだが、何度も工事計画が変更されて工事の内容は非開示になってしまった。その一方で、工場用地にデータセンターを開設するために、送電網と光回線のインフラも引く予定とされており、工場には約3平方キロメートルを占める巨大な変電施設が設置されている。それなのに何の工場なのかは開示されていないのだが、『変電設備＋データセンター＋新規送電通信網』とくれば、スマートグリッドの変電所設備ではないかと当局の専門チームが分析するのも当然だろう。

この工場計画の内容をウィスコンシン州知事やエネルギー庁官僚がトランプにはいっさい報告していなかった。その背景には、前にふれたがグローバル・スーパーグリッドでGEIDCO副理事のスティーブン・チューという中国系米国人がオバマ時代のエネルギー庁長官で、トランプ政権となった今でもオバマとともに省庁への影響力を振るっているということがある。まさしく、これが「国家非常事態」だということだ。

台湾が中国検閲システムの仲介へ

中国が手がける諜報インフラで見逃してはならないのがインターネットの基本インフラ「海底ケーブル」だ。中国がどんなに諸外国で4Gや5G通信基地局を利用してデータを収集しても、海底ケーブルを経由しなければ中国本土までデータを送り届けることはできない。海底ケーブルもファーウェイが率先して敷設してきたが、それを警戒したFCC（米国連邦通信委員会）は国家安全保障懸念上の問題で米中間の海底ケーブルの使用許可には慎重になり始めた。

2020年の4月に、グーグルはFCCから米国と台湾の海底通信ケーブル使用の許可を取得した。米当局は国家安全保障の懸念上の問題から、米香港間という米中を直結する初の海底ケーブルの使用許可を出さなかった一方で、台中の微妙な関係を考慮せずに台湾に対して許可を出してしまったのだ。

「米国と台湾にあるグーグルのデータセンターの内部データ通信の需要を満たすために、米国内にあるグーグルのデータセンターを海底ケーブルで台湾に所在する同社データセンターに接続し、アジア太平洋地域全体のユーザーにサービスを提供する」と報道されている。そして、小さな島国と米国との間を新規海底ケーブルでつなぐのは、往来するデータ量が膨大でその敷設コストを超える利益を産み出せるという。人口約2370万人程度の台湾で、「何のサービスを提供すれば、コストに見合うのか」という疑問が浮上する。

そこで、記憶に新しいのが、グーグルが中国政府のために開発していた「ドラゴンフライ」と呼ばれる中国検閲アルゴリズムを組み込んだ検索エンジンの存在だ。それが中国国内用ではなく中国以外の地域で利用されると気がついたグーグル社内のエンジニアたちによって、反対を表した署名運動までもが行われた。世界に自由と平等をもたらすはずのインターネット検索サービス最大手が、検閲する側に加担するというのだから反対するのも当然だ。中国国内の検索エンジンはすでに中国政府によって「検閲済み」であるため、ドラゴンフライは中国「国外」向けのサービスとして中国人以外にも提供していくことになるのを意味するからだ。

当初ドラゴンフライのデータセンターは台湾に置くと言われていたが、ドラゴンフライ計画反対運動によって頓挫したために台湾にデータセンターを追加することは断念されたはずだ。中国検閲済み検索サービス用のデータセンター計画が頓挫したなら、なぜ、いまだにグーグルが台湾のデータセンターとつなぐ必要があるのか。

反中を装う台湾は、すでに中国と海底ケーブルでつながっている状態で、大量のデータがすでにやりとりされている。親中派といわれた馬英九政権時代に台湾金門島《きんもんとう》と中国厦門《あもい》の間に中国通信事業三社と台湾通信事業大手中華電信によって海底ケーブルが敷設された。すでに台湾と中国の間ではデータが自由に往来している状態にあり、米台間での海底ケーブルの利用は中国に素通りになるリスクが残っている。

本来、台中間で海底ケーブルが敷設された背景は、台湾の検索サービスやデータセンターサービスを中国に委託するためで「台中サービス貿易協定」の一部に盛り込まれていた。そして、この協定を推進したのは、「九二共識」を締結した「海峡交流基金会（台湾側）」と「海峡両岸関係協会（中国側）」だった。協定自体は学生運動によって頓挫したが、中国―台湾―米国を結ぶ海底ケーブルの利用は始まっており、デジタル監視社会の中心である巨大データセンターは台湾で稼働し始めた。

IT技術の遅れで日本は滅ぶ

ＩＴ技術によって中国国外の諸国民を中国が「監視」し、「洗脳」するのは遠い未来でなく、すでに始まっている現実だ。香港は、通信技術と人工知能で滅びたのだ。すでに、香港の小中高校生３０００人が、通信履歴と顔認証から割り出され、逮捕されて消息が取れなくなった。親が連絡しようとしても、警察からは本土で収容されている程度の話をさ

「台中サービス貿易協定」に反対する学生たちに放水する警察隊。学生たちの闘いで協定は阻止されたが……（2014年3月24日、写真：ロイター/アフロ）

れるだけで面会も許されない。

人工知能によるデータドリブン型選挙は2016年から始まっており、SEO（検索エンジン最適化）技術やターゲティング広告などを駆使して徹底的に有権者にアプローチされている。ヒラリーはグーグル経由で260万票を獲得したと議会で指摘され、逆にトランプ派はフェイスブックから有権者情報を買ったと報告されている。イギリスでも、政治に無関心な層にターゲティング広告で煽動して「Brexit《ブレグジット》」可決に結び付けた。政治に無関心な層は政治に関する情報に疎いため逆に煽動しやすく狙い目であることが証明された。

こういった「選挙操作」能力が世界の政治家が中国になびく一因でもある。選挙に必要な有権者の情報を中国は掌握しているだけではない。選挙の開票システムにハッキングして投票結果を操作することもできる。

たとえば、郵送投票の開票では、QRコードをスマホで読み込んで中国製5G通信で送信すると開票システムで任意の結果が出せる製品がある。それを利用して投票結果を操作したのではないかという疑惑が、郵送投票と当日投票で得票率に10％以上の乖離《かいり》のあった今年の韓国総選挙で指摘されている。不正選挙が指摘されたケニア、イラク、ボリビアなども同じシステムが使われた背景があるためだ。

中国と組めば国民の意志を無視しても、政治家は選挙を恐れる必要はない。中国の「グローバルビジネス」を餌にした世界監視システム構築で世界中の大企業がなびき、各国の政治家までもが抱き込まれている。

世界で唯一、トランプ大統領が、必死にファーウェイ製基地局を批判し、送電網や海底ケーブルなどの中国の通信網を規制し始めているのは、各国の政治家が票欲しさに監視インフラ網を導入してしまい、二度と中国支配から抜け出せなくなるのを恐れるからである。報道で言われているような、米国が中国の技術に嫉妬したなどという馬鹿げた話ではなく、有権者の権利が反映されなくなるシステムが世界に導入され始めていることを大国が止めなければ、世界は「歴史の終わり」へと向かうからだ。

すでに、陸の中国製5G通信は12カ国で導入が決定し、40カ国以上が導入を検討している。スマホ利用者のデータは通信基地局アンテナで受信されて全地球を結ぶ海底ケーブルで中国に向かう。スマホを持たなくてもスマートシティ導入で、「いつ、どこで、誰が何をしたのか」という情報が収集され、中国は「犯罪予防のため」と称して中国解放軍上がりの警備員をスマートシティとセットで、ブラックライブズマター運動で警察解体の進む米国の各州にも売り込んできている。

今の時代に戦争は起こらない。支配は、「便利なツール」の姿をして現れる。それを見抜いて、個人情報を守るだけのリテラシーと技術力を築いていくことが「IT後進国」日本の課題だ。「スマートシティ推進」と称して中国製監視システムを導入する政治家を選挙で落とすことが、せめて私たち国民にできることだろうか。
　日本は「IT後進国」とはいえ、日本が過去に蓄積した多くの要素技術と若い世代のソフトウェア開発力をもってすれば、数年以内ならば克服できる可能性がある。それには、日本企業が開発リスクを取るサポートを政府が務められるように、いまこそが、国民がITリテラシーを磨き政治を監視する時なのだ。

深田萌絵（ふかだもえ）
ITビジネスアナリスト。Revatron株式会社代表取締役社長。早稲田大学政治経済学部卒。学生時代には、ファンドで財務分析のインターン、リサーチハウスの株式アナリストをこなし、外資系投資銀行勤務の後にリーマンショックで倒産危機に見舞われた企業の民事再生業務に携わった。現在はチップ・ソリューション、自動車向けLiDAR代替ソリューション、3D認識システム、リアルタイムAIソリューションを国内の大手企業に提供している。主な著作『日本のIT産業が中国に盗まれている』（ワック）、『量子コンピュータの衝撃』（宝島社）など。

マスク外交の医療美談にご用心！中国の戦慄する臓器移植ビジネス

マスク寄贈の美談もプロパガンダにすぎない。戦慄の臓器移植の実態を暴露する！

大高未貴（ジャーナリスト）

新大久保でマスクが山積みになった

2020年3月下旬だった。近所のスーパーではまだ品薄だったマスクが東京都の新大久保の店で山積みになっていると聞き、早速訪ねてみた。駅前のコリアンタウンには衣料品店のみならず、韓流ポスタースター店やタピオカジュース・スタンド店の前でもマスクが販売されている。

店員に聞くと「全部中国製です。日本製は手に入らないし、韓国製は輸出規制されています。でも中国製いいよ。安くするから買いませんか」と言われた。

なぜ中国製マスクが新大久保や西川口（チャイナタウン）で山積みされているのか。ほかにもこんなニュースがある。

「『謎のマスク売り』10枚1000円、移動販売相次ぐ…その背景は」

《JR博多駅前でマスクを移動販売する男性

新型コロナウイルスの感染拡大で、ドラッグストアなどで入手困難な状態が続いている不織布マスクを、高めの価格で移動販売する人の姿が福岡市内で見られるようになった。背景には世界的な品薄で高騰するマスクを中国から仕入れ、従来の流通ルート以外で販売する動きがあるようだ。（略）ツイッターを中心に会員制交流サイト（SNS）上で福岡市内での「謎のマスク売り」の目撃情報が投稿され始めたのは4月下旬以降。カートや軽トラックにマスクを詰めた段ボール箱を積み込み、通行人相手に販売する姿が見られるようになった。ネット上では「違法ではないか」「転売だろう」などの声が上がっている》

（西日本新聞／2020年5月1日付）

一連の流れを俯瞰《ふかん》すると、中国のマスク外交は世界でその実態が暴かれ、3月中旬頃から馬脚を現し始めた。当然ながら在庫を抱えた日本の輸入業者も中国製マスクの値崩れを予測し始め、できるだけ高値で在庫処分を考えていたはずだ。

さらに、4月1日、日本政府が全国にマスク配布を発表したものだから、なおさらのことだろう。

そんな矢先、奇妙な美談が報じられた。

「中国籍の女子高生がマスク2万枚を寄付。ネット『政府より凄い』」（MAG2《まぐまぐ》ニュース／4月27日付）と題された記事がヤフーに掲載。ところが数日後、同ページを開くと「この記事は諸事情により削除いたしました」となっていた。同じ記事を東京新聞が報じているので紹介する。

《〈新型コロナ〉西東京市にマスク2万枚　中国籍の女子高生が寄贈
西東京市に住む中国籍の高校三年の女子生徒が二十二日、市役所に丸山浩一市長を訪ねて二万枚のマスクを寄贈し、市職員らを驚かせた。市は市内の高齢者向け施設や保育園などで活用してもらう方針だ。

　女子生徒は今月八日、ツイッターに「私たちは、日本で育った東京在住の中国籍の高校生です」と投稿。「高齢者をコロナから守ろう【募金】」というタイトルで一口五百円の募金を呼び掛けた。インターネットに詳しい同級生らが協力し、画像に日本語、英語、中国語のバージョンを用意する本格的な仕様だったからか、一日で百人以上から約五十二万円が寄せられた。（略）女子生徒は西東京市内にある中国製品の輸入会社に相談。経営者は「そんな良いことなら、うちで半分支援するよ」と後押しし、中国製マスク二万枚を確保できたという。（略）市は当初、報道機関を集めて贈呈式を開く計画を立てたが、女子高

生が「私一人でできた寄付ではない」と固辞し、匿名による寄付に落ち着いた》（東京新聞／4月25日付）

レコードチャイナも「中国籍の女子高生が西東京市にマスク2万枚を寄贈　中国ネット『天使だ』」と題し、同様の記事を掲載。

寄贈といえば、3月中旬に女子中学生が、貯めていたお年玉で材料費を購入し、手づくりマスク612枚を山梨県に寄贈したというニュースが流れ、不安に包まれる日本人の心に希望の灯をともしてくれた。

女子中学生や女子高生の寄贈、どちらも美談であるが、削除された記事は、実に不可解な点が多い。

中国籍女子高生がツイッターに投稿して募金を呼びかけたのは、日本政府がマスク配布すると公表した7日後のことで、世界では中国の国策としてのマスク買い占め運動の実態と、それに付随したマスク在庫余りの現状が報じられ始めていたころだった。

マスク買い占めに関しての報道を紹介する。

《ホワイトハウス国家貿易委員会ナバロ委員長から人々に驚きの数値が出された。中国税関のデータから、1月24日から2月29日までの間に中国共産党は全世界から22億枚のマスクを買っていた。中国全国商工連合会の統計は不完全ながら、2月17日の段階で、183

の海外の商工会議所や海外華人商工会議所が1021万6800枚あまりのマスク、96万4200セットあまりの医療用手袋、13万4900着あまりの医療用防護服、4980個あまりの医療用ゴーグル、500tあまりの消毒液を寄贈・協力したという」（エポック・タイムズ）。また、同紙には中国政府が世界各国の中国大使館に上記に関してどのような指令を出したのかも詳しく説明されている。

また、中国は世界中から中国人を総動員して医療物資の買い漁りを行っただけではなく、自国でも大量生産に及んでいた。

米紙ニューヨーク・タイムズ中国語電子版3月16日付は、世界のマスク生産量の半分を占める中国は、中共肺炎（新型コロナウイルス）の発生後、生産量を12倍に増やしたと指摘している。

こうして中国は武漢ウイルスを隠蔽させた罪を世界中から訴訟沙汰にされないため、2月、3月と積極的な〝マスク外交〟に転じていたのだが、3月下旬にはその実態が暴かれ、窮地に陥り始めていたのだ。

一連の流れの中で女子高生のマスク・クラウドファンディング美談が報じられたのだ。女子高生は純粋に善意の活動をしただけかもしれないが、もし私がマスクの在庫を抱え込んでいる輸入業者なら、悪知恵を働かせて女子高生にクラウドファンディングを提案し、

2020年5月には、東京でもマスクが値崩れをしだした（2020年5月15日、写真：アフロ）

美談にしたてた在庫処分を考えたかもしれない。

そんな憶測も持ちながら西東京市の危機管理課に問い合わせると、「女子高生は受験生で取材に応じられず、マスクを提供した業者も非公表」と、情報開示を頑なに断られた。紙面には女子高生が寄贈したマスクの段ボールが写されているので、せめてマスクのメーカーだけでも教えてほしいと交渉すると、しぶしぶ「星宇」と教えてくれた。

この会社を調べると、中国でゴム手袋などを生産している大手の会社で、中国国内でも10万枚のマスクを寄付したりHPには「(中国共産)党と政府の指導の下、全国のすべての企業と機関の共同の努力の下、全国の医療従事者の共通の後見の下で、そして社会全体の無私の献身と援助によって、私たちは間違いなく困難を克服できると信じています」と書かれていた。

女子高生がクラウドファンディングを呼び掛けた時期は、マスク以外にも消毒ジェルや精製水、小麦粉、ホットケーキ粉なども通常の値段の3倍近くで、ネットで販売されており転売ヤーの横行が問題視されていた時期でもあった。

西東京市で女子高生の慈善事業に協力した業者は、52万円ほどは懐に入ったわけだからぼろ儲けというわけではないが、在庫処分と考えると悪くない話といえるかもしれない。

他にも中国からマスクを仕入れているFoseKiff株式会社が、「医療従事者への恩返しの時！　マスク約2万5000枚を現場へ」と題し、130万円をクラウドファンディングで募っていた。募金の締め切りは7月末だが、この原稿を書いている7月中旬でも寄付金額はゼロ。さすがにマスク余りのご時世にこの手の方策に賛同する日本人はいなかったようだ。

欠陥医療物資を横流し？

コロナ第一波が収束するまで、中国は欧州を中心にマスク外交を積極的に展開していた。ところが、その多くは粗悪品であることが、白日の下に曝《さら》されてしまった。具体的には、オランダやスペイン、トルコの当局が、中国製の医療用マスクや検査キットが基準を満たしていない、あるいは欠陥がある、と批判している。

オランダの保健省は3月28日、中国製マスク60万枚をリコールしたと発表した。スペインも数十万個の検査キットを購入したが、数日もたたないうちに6万個近くが正常に動かないことが明らかになった。在スペイン中国領事館はツイッターで、この検査キットを販売した中国企業が中国保健当局から認可を得ていないと指摘した。トルコも、中国企業に注文した検査キットに欠陥のあるものが見つかったと発表している。

またこんな報告もある。

ロンドンの仮設病院用に中国から250台以上購入した人工呼吸器に関して、安全性への懸念があると、ロンドン医師会が発表した。米NBCニュースによれば、英NHS（国民保健サービス）の運営する病院に勤務する医師らが幹部宛てに手紙を送り、この人工呼吸器が病院で使用された場合には、「患者に甚大な被害を及ぼし、最悪の場合は死亡すると警告した」（ニューズ・ウィーク日本版／5月1日付）という。

こういった事実を目の当たりにして、読者諸賢は、

「欧州などから中国に返品された欠陥医療物資はいったいどうなっているのか？」

「ちゃんと処分されたのか？」

という疑問を覚えるのではないだろうか。

実際に腐った食肉を転売したり、死に至る粉ミルクやペットフードを国内外に輸出したりするお国柄。素直に在庫処分に応じるとは思えない。

それを裏付けるように、新型コロナウイルス感染拡大の影響で、検査キットやマスク、ガウンといった医療物資が不足している中、検査キットの偽物が大量に押収されたという、ショッキングな事例が報告されている。

《タイ当局は四月八日、偽物の新型コロナウイルス関連商品を密輸した疑いで、中国人男性二人をバンコクの自宅で逮捕した。押収したのは四万五千個の検査キット、千二百個の赤外線体温計、そして三十五万枚のマスクと偽物づくしであった。これらの商品はバンコクやその近郊で、高値で販売されていた。その総額は三千三百七十五万バーツ（約一億千万円）に上るという。

（略）偽物の検査キットの密輸が行われているのは、タイだけではない。アメリカでも同様の事案が発生した。アメリカの税関・国境取締局の発表によると、ロサンゼルス空港の検査官が三月十二日、イギリスから発送された荷物を押収し、中から白色の液体が入った大量の偽物の検査キットを発見した。『新型コロナウイルス』『ウイルス1検査キット』とラベルが貼られていたという。この荷物は、196・81ドル（約2万1000円）相当の

精製水入り容器と嘘の税関申告がされていたそうだ》（ＦＩＮＤＥＲＳ４／４月17日付）
タイで押収された検査キッドが、返品されたもののロンダリングであることは現段階で確認できなかったが、その可能性は十分にある。

日本が返品しないのはなぜ？

このように世界中で中国の医療物資が返品・破棄騒動になっているのに、不可解なのは日本の状況だ。日本から中国製の医療物資の不具合や返品申し出の声は寡聞にも聞いたことがない。さらに不気味なことに、中国の医療物資が大量に日本に持ち込まれている。
《４月28日までに中国側は日本側にマスク１３０７万１７４５枚、防護服19万５３５０着、防護手袋18万５０００セット、消毒液２万５７５０本、手術服１万着、防護用靴カバー５万セット、使い捨て医療用キャップ５万枚、防護マスク２万枚、防護ゴーグル２万個、検査機器10台、ＰＣＲ検査キット１万２５００個を寄贈した。》（編集ＮＡ　人民網日本語版／２０２０年４月30日付）
これほど物余りの中国に対して、小池百合子都知事は、医療用の防護服約12万着を提供している。このように見ると、「寄贈ではなく購入したものだ」「欠陥商品だ」と中国の〝マスク外交〟にきちんと応戦している欧米に比べ、日本の対応はあまりにも能天気すぎやしないか。

戦慄の臓器移植とまたもや日中合作美談

実のところ、中国の医療外交のえげつなさは、〃マスク〃だけにとどまらない。実は中国共産党が抱えている最大の闇であり、あまりにもおぞましい人権弾圧として欧米諸国から指摘されているのが1兆円産業の〃臓器ビジネス〃だ。ところが日本の大マスコミは中国政府の顔色を窺って報じないどころか、この非人道的な臓器ビジネスを美談に仕立てて報じているのだから開いた口がふさがらない。

コロナ禍第一波も終焉《しゅうえん》の兆しをみせていた6月、「心臓移植へ日中バトンつながる 藤田医科大病院で闘病実習生、チャーター機で帰国」と題し、《技能実習生として来日中に重い心臓病を患い、藤田医科大病院（愛知県豊明市）で闘病してきた中国人女性（24）が12日、心臓移植手術を受けるため、中部国際空港（同県常滑市）から中国当局が手配したチャーター機に乗り、帰国した。女性は心臓外科の先進医療で知られる中国・武漢の病院に入院し、移植の日を待つ》（中日新聞／6月13日付）といったニュースが、他にも東京新聞などで報じられた。

NHKも報じたが、なんといってもインパクトが大きかったのは、フジテレビ系の情報番組『とくダネ！』の特集コーナーで取り上げられたことだ（6月18日）。確かに日中が協力し、重い心臓病を患う若い中国人女性の生命が救われる物語は美しい。

だが、放送を見ると、疑問がふつふつと湧いてくる。たとえば「日本では待機時間は3年、中国では心臓移植が1～2カ月でできる」と報じられたが、他国と比較して、中国国内で早急に臓器移植手術を受けられる理由はなぜなのか。それらの臓器は、どこからかオンデマンドで供給されているのだろうか……。

これらの疑問にはいっさい触れず、全体的な印象としては〝日本より中国の臓器移植のほうが、ドナーも見つかりやすく、進んでいる〟といった中国臓器移植を肯定する内容だった。

案の定、放送後、ネットを中心に批判の声が多数上がった。ウイグル地区弾圧の悲劇を漫画で訴えてきた清水ともみ氏はツイッターで《〝日本で進まぬ臓器移植〟、一方中国では1～2カ月で出来るのにって？　なんだこのアオリ。ひとりの人間の命を、人生をいただく行為が、そんなに簡単に出来るはずがない。そして、世界で言われている背景を報道が知らないはずがない。おかしいし、怖いよ》とコメントしている。

中国政府によるウイグル弾圧や中国臓器移植ビジネスの実態を知る視聴者からすれば、おぞましい臓器売買の実態を伏せて美談に仕立て上げたフジテレビに対して、怒りの矛先が向くのも当然だろう。

中国には臓器移植のため、法輪功《ほうりんこう》（気功修練法の団体）などの無実の人間が強制収容施設にストックされており、いまや臓器移植は中国で一兆円産業と指摘されている。

この問題について詳しいジャーナリストの野村旗守《のむらはたる》氏はこう言う。

「元中国国家主席江沢民の号令で開始された法輪功に対する迫害は、間違いなく今世紀最大の人権弾圧の一つです。中国は世界に冠たる拷問文化の国で、近年は法輪功のみならずウイグル、チベット、南モンゴルの人々をも迫害しています。共産党政府は、軍や警察、諜報機関などを駆使し、信仰を放棄しない者に対しては、長時間に及ぶ殴打、電気ショック、集団による性暴力、薬物強要、過酷な強制労働、睡眠剥奪、言葉による侮辱や脅迫等々、およそ考えうるすべての方法を総動員して転向を迫ります。先日公開されたドキュメンタリー映画『馬三家《マサンジャ》からの手紙』はその実態を克明に描いています。なかでも狂気の迫害が、昏睡状態にした信者の生体から心臓、肝臓、腎臓、角膜などの主要臓器・器官を盗み取る『臓器狩り』の蛮行です」

『とくダネ！』特集の欺瞞

『とくダネ！』による〝日本と中国の国境を越えてつないだ命のバトン〟特集は、中国人女性を救うため、星野理事長や医師たちが中国領事館に働きかけ、中国南方航空も動いたという。

ナレーション「母国中国で心臓移植を受ける。中国ならすぐにドナーも見つかるはず。総領事館に掛け合い、武漢市にある心臓外科の先進医療で有名な病院の受け入れも決定し、あとは帰国の日を待つだけとなった」

番組内で中心的役割を果たしたのが、医療ジャーナリストの伊藤隼也《いとうしゅんや》氏である。彼は2019年から藤田医科大学の星長清隆《ほしながきよたか》理事長のアドバイザーを務めており、今回は患者の中国人女性を3カ月以上、見守っていたという。

小倉智昭「日本国内においては、日本人でも臓器移植はまだハードルが高いのですが、それが日本にいる外国人が臓器移植ということになると、現状としては、隼也さん、どうなんですか」

伊藤「ほとんど不可能に近いと思います。実際、過去に数例だけあるのですが、日本の健康保険を持っている患者さんはできるんですが、実際問題、日本の臓器移植の待機者はいま1万4000人以上いるんですね。実際、そのうちの2%ぐらいの方が平均3年1カ月近くお待ちになっているということで……。心臓移植だけではなくて、今回補助循環装置を使いましたよね」

小倉「彼女を武漢に送り届けたということは、中国武漢のほうが、移植手術がやりやすいということなんですか」

伊藤「やはり武漢は非常に移植の待機時間が短いんですね。それで、日本と違って数カ月待てば、残念ながら日本と違うという点はあるんですが、移植ができるという現実があります。中国で彼女を診ている胡健行医師ですけれども、こんな言葉なんですね。中国での心臓移植待機期間は平均1カ月から2カ月。コロナの影響はあるかもしれませんけれども、血液型などから見ると早く見つかるのではということで。（略）本当に日本でもまだまだいろいろな取り組みが必要だと思っているのですが、実際問題、中国と比べると日本はそこに関しては残念ですが、いわゆる十分ではない環境ですね、本当に」

カズレーザー「いや、もともと心臓病に罹患《りかん》する方の割合というのはあまり変わらないと思うんですけど、そこまでドナーの数に差がある根本的な理由は何でしょうかね？」

伊藤「やはり日本と制度が違うとか人口がすごく多いとか、さまざまな理由があるのですが、やはり移植に対する国の考え方そのものとか国民のいろいろな考え方が違うので、これは一概に比較はできないので、僕はこの日本の補助人工技術、これは、藤田医科大学はすごいと思うんですよね（略）」

医療ツーリズムの実態

要するに臓器移植に関し、日本では平均3年1カ月の待機だが、中国では平均1～2カ月だと、中国での移植を間接的にPRしているわけだ。

伊藤氏はカズレーザーの問題の核心をつく質問に対して、問題の本質をはぐらかしているように見受けられる。なぜなら、伊藤氏は（株）医療情報研究所の代表なのだから、中国臓器移植の問題点を知らないはずがない。

この美談の背景に、実は愛知県の大村秀章知事の鳴り物入りで進められている「インバウンドによる検診で収益を上げる」といったことが、愛知県で積極的に行われてきたことも関係があるだろう。

大村知事は「医療ツーリズムのニーズが世界的に高まる一方、我が国の受け入れに向けた取り組みはまだまだ充分とはいえない状況です。そうした中、愛知県では医療ツーリズムを推進し、優れた医療技術の提供と医療の国際化をはかるため、今月23日〝あいち医療ツーリズム研究会〟を立ち上げることとしました」（2016年5月10日）とツイートしている。

医療の国際化とはいえ、実際には愛知県健康福祉部保健医療局医務課・主査の山川高英氏の報告によると、「県内十七の病院（予定を含む）が外国人患者の受け入れを実施、全体244名中230人が中国人と圧倒的な数を占めている。価格設定は診療報酬単価と同じまたはそれ以下」」、及び「診療報酬単価の2倍以上」が多いとあり、中国の富裕層がターゲットであることは一目瞭然だ。

また、平成26年より補助金事業開始として政府が医療機関における外国人患者受け入れ環境整備事業を開始し、全国から19病院が選ばれており、愛知県はこの時点で藤田保健衛生大学病院（現在は「藤田医科大学病院」に改名）のみがエントリーされている。

医療ツーリズムに関して、こんなニュースも報じられている。

《日本の医療機関が中国人に人気、悪質業者も

ある日本診療手配サービス会社が明かした数字によると、日本での診療の相談は毎年平均1万件を超え、それぞれの治療費は大部分が600万円以上になるという。医療目的で訪日する中国人の数は、2020年にはのべ31万人を超す見込みで、医療市場の潜在的規模は5507億円に及ぶと予想している。

業界関係者の話では、言葉の壁や地域格差を利用して、日本の医療機関について中国国内で虚偽の宣伝をしたり、法外な値段を要求したりする業者がいるという。例えば、本来4万元（約64万円）しかかからないフルコースの精密身体検査で、13万元（約210万円）も徴収した事例があった。

また、日本の医療機関では銀行カードを利用できるのにも関わらず、多くの仲介業者が自らの利ザヤ稼ぎのため、患者には仲介業者を通さなければ支払いができないと告げているという》（東方新報／2019年5月18日付）

ピンポン友好外交⁉

大村知事といえば、「お辞め下さい大村秀章愛知県知事　愛知100万人リコールの会」が発足し、ネットを中心に話題になっている。

大村氏は、国際芸術祭「あいちトリエンナーレ2019」の企画展（「表現の不自由展・その後」）で、昭和天皇の写真をバーナーで焼き、その灰を足で踏み付けるような映像作品などの公開を認めた揚げ句、公金を投入していたことで批判されていた。

ところが地元のメディアや大マスコミは、トリエンナーレでは慰安婦少女像展示のみにフォーカスをあて、そこにクレームをつけるのは「表現の自由への弾圧であり、ヘイトだ」といった論点のすり替えを行っていたのだ。

一方で、慰安婦少女像以外に、①天皇侮辱動画を隠して出品、②日本兵侮辱といった、信じられない作品が展示されていたことにはいっさい触れていない。そんな展示会を承認し、さらには愛知県コロナ感染者495名の情報漏洩問題とあわせて、大村知事行政そのものが問題視されている。

リコール運動を旗揚げしたのは、美容外科「高須クリニック」の高須克弥院長で、2020年5月28日には名古屋市の河村たかし市長とともに、市内の繁華街でリコール・キャンペーンを展開。作家・百田尚樹氏やジャーナリストの有本香氏なども賛同している。

地元の人に「なぜ、中日新聞は大村知事リコール運動を大々的に報じないのか？」と尋ねると、こう教えてくれた。

「大村行政と中日新聞はズブズブですから。中日新聞の社長・大島宇一郎氏は、愛知県が2022年秋の開業を目指し整備を進めるジブリパークの運営会社の社長にも就任していてウハウハでしょう。愛知県で後押ししている観光産業の重要なポストの席をゲットできたわけですから、これも俯瞰してみれば大村行政のお陰ではないでしょうか？」

それにしても普通の日本人の神経なら、このように日本を貶《おとし》める下品な作品を芸術のカテゴリーに入れることはしないだろうが、よく調べてみると、大村知事は実に中国や朝鮮半島がお好きな方のようだ。

昨年、愛知県国際展示場で行われた統一教会のイベントには「孝情文化祝福フェスティバルの開催を祝し、心よりお喜び申し上げます。混迷する東アジア情勢の中で太平洋運命圏時代と日韓米の連携をテーマに韓鶴子《ハンハクチャ》総裁をこの愛知県国際展示場にお迎えし、かくも各界各層の多くの皆様がご光臨くださったことに心より歓迎申し上げます。（中略）2019年10月6日／愛知県知事・大村秀章」などと祝電を送っている。

同年9月26日にも、中国駐名古屋総領事館が開催した中華人民共和国成立70周年祝賀会に出席した大村知事は「特に今年5月の中国訪問の成果を言及し、雄安新区に訪れグリン・スマートシティの魅力を理解した。新しく広東省と友好提携を結び、各分野での協力に強固たる基礎を固めた。清華大学と交流覚書を調印し、

あいちトリエンナーレ2019の『表現の不自由展・その後』で開催中止の理由に挙げられた少女像。しかし、本当は昭和天皇の写真を燃やした動画が問題だった（2019年9月2日、写真：Rodrigo Reyes Marin/アフロ）

教育、科学技術イノベーション、人材育成などの面で協力関係を強めた。大村知事は当面日中関係のさらなる発展のチャンスを摑み、中国との友好交流と実務協力を深めていきたい」と祝辞を述べている（中国駐名古屋総領事館HP）。

大村知事の自慢は、愛知と中国との〝ピンポン友好外交〟で、1999年、当時国会議員だった大村知事は日中友好議員連盟のメンバーとして初訪中。以後、20回に及ぶ訪中を果している。そもそも愛知県は2004年には「上海産業情報センター」、2008年には、愛知県内企業の相談窓口である「愛知県江蘇省サポートデスク」も設立している。《愛知県は日中経済や日中関係の発展においても主導する立場である》（人民中国／2020年2月号）と自負しているそうだ。

中国製で大丈夫か

藤田医科大学病院に話を戻そう。実際にどういう病院なのか、通院する患者さんに話を聞いて、意外なことが判明した。病院自体は先生も看護師も親切で地元では大変評判のいい病院なのだが、精密なデータが要求されるPET－CTに一部、中国製が導入されており、それは医療機械業界のファーウェイとなることを目標に掲げている会社の製品だった。

知人の医療関係者らに、この会社について聞くと、

「アメリカは今でこそファーウェイをはじめとする中国の国策会社の正体を見抜いていますが、オバマ政権時代には中国とズブズブで、随分この会社の医療機器が導入されたようです。シーメンスなどの老舗の同等の機器は、機種にもよりますが3〜5億円が相場だと思います。この会社の機器の日本への納入価格はわかりませんが、老舗《しにせ》メーカーよりは安価だと思います」

――なぜ安価なのでしょうか？

「GEやシーメンス、フィリップスでの勤務経験がある（もしくは潜り込んでいた）人が多数働いている会社だと聞いています。開発費が節約されていて安いのでしょう」

――それって産業スパイじゃないですか！

「中国はそういう国ですから……」

また、「この会社の医療機器は、中国国内では、中南海の人間が入る人民解放軍系の三〇一病院や、臓器移植で訴訟沙汰にもなった解放軍三〇九病院にも導入されているようだ」という情報も寄せられた。

藤田医科大学病院のHPには「ファーウェイ（中国語表記：華為技術、英語表記：HUAWEI）様よりマスク10万枚を寄贈いただきました（2020年3月19日）」と記載されている。

ファーウェイといえば、アメリカやカナダのみならず世界中が警戒感を強めている企業だが、藤田医科大学病院は中国とのつながりが随分深いようだ。そして「厚生労働省からは、外国人患者さんの受け入れ拠点病院に認定され、医療通訳の育成、検査内容説明等の各種患者説明文書の多言語対応などにも取り組んでいる」「中国の早期がん患者さんへのセカンドオピニオン対応を高品質なテレビ会議システムで国境をまたいで実現」とも紹介されている。

カルテ、患者情報が大陸とつながっていることを意味するのだろうが、患者一人ひとりの個人情報が中国政府に握られる可能性はないのか。たとえば、親中派の某議員の妻は中国で臓器移植を受けたなどとも噂されている。

144ページで紹介した野村旗守氏は「中国には四色の罠がある。赤はハニートラップ、黄色がマネー、青がサイバー、緑がメディカル」と指摘している。日本の医学界が中国に侵食されている可能性も否定できない。

隣国との友好は大事ではあるが、真の友好とは目先の経済的な利益などではなく、人としての高い倫理観や道義観といったものがベースとなって構築されてゆくものだと思う。コロナ禍を世界中にばらまいても謝罪一つせず、むしろ〝中国がコロナを封じ込めた〟といわんばかりのハッタリ外交を展開する中国との関係を続けていいものか。

愛知県といえば、トヨタの技術が中国に流出するのでは、という不安も囁《ささや》かれている。ちなみに藤田医科大学病院でも、数年前から経営方針にトヨタ方式が、導入されているようだ。

6月30日、香港での反体制活動を禁じる「香港国家安全維持法」が施行され、〝香港が死んだ日〟と、世界中から評された。すでに香港では1万人を超える反体制派が拘束されたという指摘もあり、なかでも国家安全法の容疑者がDNA検査などを強制的に受けさせられているという。彼らが臓器摘出のための待機要員にされないことを願うばかりだ。

転んでもただでは起きない

中国政府は吐息を吐くように嘘をつく。たとえば武漢大学国際法研究所所長の肖永平氏は「科学を重視せず、中国がウイルスの発祥地だと認定する。客観的な事実を見ずに、中国が感染症の情報を隠したと非難する。基本的な法律・ルールを無視して、感染症の蔓延は中国が法的責任を負うよう要求する。これらは一部の国が中国を戦略的な競争相手と見なして展開する政治的な小手先の手段に他ならない」（人民中国／2020年7月号）などと臆面もなく述べている。

中国はウイルスの発祥地を日本やアメリカにすり替えようとしたが、アメリカのトランプ大統領はいちはやく中国の目論見を察知し、あえて〝武漢肺炎〟と表現した。にもかかわらず世界各国からの賠償請求を躱《かわ》すため、このような嘘をもっともらしく述べるのだ。

しかも情けないことに同じページには顔写真とともに親中派のコメントも掲載されている。JETRO《ジェトロ》（日本貿易振興機構）上海事務所所長・小栗道明《おぐりみちあき》「感染拡大中、中国政府が迅速に関連政策を打ち出したことは、外資企業の活動再開に大いに役立つ。投資拡大は、圧倒的多数の在中国日本企業が真っ先に考えることだ」。世界中の企業が中国マーケットの危険性に気づいて、撤退をはじめている最中、いくら中国へのリップサービスとはいえ、ここまで媚びる必要があるだろうか？　さらに極めつけは、自民党幹事長・二階俊博「感染期間中の日中両国民間の友好は、中国語の〝患難見真情〟〝患難知真交〟（まさかの時の友こそ真の友）で形容できる。（略）新型コロナウイルスとの闘いを経て双方の関係がより緊密になることを期待する」。

ちなみに7月12日の時点で、中国船は尖閣周辺に90日連続居座り、最長を更新している。同時期、日本政府も防衛白書に尖閣周辺で「現状変更の試み執拗に継続」と表記したが、中国はこれに関し、歴史問題まで持ち出した揚げ句、「偏見と虚偽情報に満ち、中国の脅威を煽り立てており、でっちあげの資料だ」と反発している。遺憾砲だけの日本政府の表記など馬耳東風であろうし、なにより自民党幹事長との熱い友情もはぐくまれているので、怖いものなしで火事場泥棒を狙っているのであろう。

中国のこうしたサイレント・インベージョン（静かなる侵略）は永田町のみならず、霞が関や経団連、医療関係など多岐にわたって及んでいることを日本人は忘れてはならない。

【臓器移植について、追記】

中国の臓器移植については、最初、私も半信半疑だった。しかし、実際に臓器移植関連の取材を進めるうち、野村氏の報告が真実であることを確信するに至った。たとえば、ウイグル自治区出身のウイグル人元外科医師、エンヴァー・トフティ氏。彼には2度ほど会っているが、来日の際にこんな話をしてくれた。

「私は中国の臓器狩りに加担していました。今でも自責の念にとらわれています。95年、ある日当局から死刑囚の臓器を取り出す任務を課せられました。現場に行くと死刑囚とはいえ、実際には囚人は生きていたのに、素早く肝臓と腎臓を取り出すよう命じられ、私は震える手でメスを入れました」

――何故生きていたとわかるのですか？

「通常の銃殺刑は左胸を狙って銃弾が撃ち込まれますが、この時は右胸を狙って弾が撃たれていました。つまり、心臓をのこすことによって、新鮮な臓器を摘出することを最初から目論んでいたわけです」。

野村旗守氏と連携し、国際社会にこの問題を広く訴えているのが、SMGネットワーク(Stop Medical Network)だ。この組織はおよそ10年にわたって中国臓器売買問題を調査してきたデービッド・マタス(カナダの著名な国際人権弁護士)、デービッド・キルガー(カナダの元政治家=閣僚経験者で弁護士)氏が立ち上げ、イーサン・ガットマン(ロンドン在住のアメリカ人ジャーナリスト)も加わり、3氏共同の最新報告(「中国臓器狩り/殺処分(Bloody Harvest/Slaughter)」)には「中国の臓器移植手術は2000年を境に劇的に増え、年間6万~10万件の手術が実施されているはず」と指摘されている。なぜ劇的に増えたのかといえば前年99年に江沢民の号令のもと、一斉に法輪功信者への迫害、拘束が始まったからだ。

遼寧省の病院で夫が医師、自からも同病院で勤務していた女性が、海外に亡命後、ワシントンでこんな告発をしている。

《蘇家屯《そかとん》病院の地下には法輪功学習者を閉じ込めておく秘密の地下室があった。法輪功の食料を調達して届ける係の責任者から聞いた話では、「大体5000人から6000人は拘束されていたそうです。そのころ中国各地で、たくさんの公安局や病院が法輪功学習者を拘束していました。(略)」

角膜を取られた人たちは手術後「他の手術室に運ばれていきました。心臓、肝臓、腎臓などを摘出するためです。夫はある手術で他の医師と一緒になったときに、彼らが法輪功の学習者だということを知ったそうです。それから、彼らが生きたまま臓器を摘出されるということや、角膜だけでなく他の臓器も取られるということも、同じ時に知りました。（略）うちの病院で手術された学習者は、腎臓や肝臓などの臓器が摘出され、皮膚が剝がされると、後はもう骨と肉ぐらいしか残りません。そういった遺体は病院のボイラー室に放り込まれました。そして彼女は、元夫が2年ほどのあいだに2000人ほどのドナーから角膜の摘出手術を実施し、そのたびに月給の何十倍もの現金が支給されていたことを付け加えました」》（SMGネットワークより）。

法輪功の人たちだけでなく、ウイグル人もターゲットに

現在こういった人間ストックは法輪功学習者以外、ウイグル人も含まれる。

東トルキスタン（新疆《しんきょう》ウイグル自治区）では100万人から300万人ものウイグル人が再教育という名の強制収容所に入れられ、イスラム教の棄教を迫られ、中国共産党への忠誠を誓わされる洗脳が行われている。そのシステムに少しでも逆らうと拷問の末、帰らぬ人となっている。

同化政策という名の下で、洗脳教育を受ける東トルキスタン（新疆ウイグル自治区）の人々（2019年1月3日、写真：ロイター/アフロ）

一説では臓器売買のため、不法な臓器摘出が行われているとの指摘もされていた。なぜならウイグル族の臓器はハラール臓器といわれ、豚肉を食べないといったイスラムの戒律に忠実な身体なので臓器も不浄ではないという理由から、湾岸諸国の富裕層たちに中国での臓器移植が人気だという。私はかねがねモスクを破壊し、イスラム教の聖典であるコーランを焚書《ふんしょ》する中国政府に対し、なぜ湾岸諸国をはじめとするイスラム教の国が中国政府批判をしないのか不思議でならなかったのだが、この理由を聞いて哀しいかな腑に落ちてしまった。

知人のウイグル人は「なぜ世界は沈黙を保っているのでしょうか？　中国共産

党によるウイグル、チベット、南モンゴルへの弾圧は現在に始まったことではありませんが、近年のウイグル人強制収容所送りは常軌を逸しています。ようやく昨年10月アメリカのペンス副大統領が演説の中でウイグル問題について指摘してくれたことが唯一の救いでした」と肩を落とす。

ペンス副大統領は2018年10月4日、ハドソン研究所で「中国は米国の民主主義に介入している」と題する演説を行い「新疆ウイグル自治区では、共産党が政府の収容所に100万人ものイスラム教徒のウイグル人を投獄し、24時間体制で思想改造を行っています。その収容所の生存者たちは、中国政府がウイグル文化を破壊し、イスラム教徒の信仰を根絶しようとする意図的な試みだったと自らの体験を語っています」と述べている。

私は2019年、世界ウイグル会議ドルクン・エイサ総裁を取材している。来日したエイサ氏は話した。

「1949年に中国が東トルキスタンを侵略して以来良くなったことはありません。習体制発足後の5年間は、植民地にされて以来、最も悲劇的な状況といえるでしょう。いまの東トルキスタンは青空の刑務所・監獄になっていると断言できます。

なぜなら東トルキスタンの中の人は外の世界の人と連絡することができないのです。だから海外在住の99%のウイグル人は2年以上も家族・友達の消息がわからない状態。皆両親・兄弟がどうなっているのか死んでいるのか生きているのかもわからない惨状が続いています。

2017年3月から中国が東トルキスタンで再教育キャンプという名の強制収容所を建設し、これはナチスドイツの強制収容所と同じもしくはそれ以上にひどい政策です。彼らは肉体的な拷問に遭っていると同時に精神的にも圧力や苦痛を受けています。

多くの人々が強制収容所で殺されている証拠が私たちの手元にあります。一部はいろいろな肉体的な拷問に遭って命を落としています。また精神的な虐待や苦痛に耐えられず自殺した人などに関する情報も摑んでいます。

私の母は78歳になった女性ですが、2年前に収容所に入れられ1年後の2018年5月に亡くなりました。拷問に遭ったのか精神的に追い詰められたのか病気で死んだのか、全くわからない状態です」

と肩を落とした。

一帯一路については、

「習近平体制発足後、弾圧が増しているのは東トルキスタンが一帯一路の中心であるのが原因。周辺の国々を経済力で支配下に置こうとする危険なプロジェクトが一帯一路政策なのです」

と指摘した。

ウイグルの監視社会については米国のリベラル系雑誌がこう指摘している。

《いずれ中国はサイバースペースを思いどおりに作り直し、世界中のインターネットの大部分は、中国製ハードウエアを利用して中国製アプリで動くようになるかもしれない。

（略）

顔認証ソフト、音声認証ソフト、AIを搭載したカメラやセンサーを大規模に設置することで、ジョージ・オーウェルの小説の高度な監視システムも構築している。このシステムが最も広範に運用されているのが新疆ウイグル自治区で、現地のウイグル人イスラム教徒の動向を管理することが目的とされている》（フォーリン・アフェアーズ・リポート／2018年10月号）

大高未貴（おおたか みき）

1969年生まれ。フェリス女学院大学卒業。世界100カ国以上を訪問。インドではチベット亡命政権のダライ・ラマ14世、カルマパ17世、パレスチナガザ地区ではPLOのアラファト議長などにインタビュー。98年には、アフガン問題でタリバン全盛の時期にカブール単独潜入し潜入ルポを発表。現地での実経験から、日本のメディアが伝えていない、国際情勢の生の情報を伝える。著書は『日韓〝円満〟断交はいかが？　女性キャスターが見た慰安婦問題の真実』（ワニブックス）、『ISISイスラム国　残虐支配の真実』（双葉社）『日本を貶める「反日謝罪男と捏造メディア」の正体』（ワック）など多数。

香港問題を契機に、中国は破綻と崩壊の危機を迎える

さまざまな面で、世界から四面楚歌の中国。今後の経済はどうなるのだろうか。

インタビュー／**渡邉哲也**（作家・経済評論家）　聞き手／**編集部**（小林大作）

中国経済は中長期的に立ちゆかなくなる！

編集部　端的に聞きます。今後の中国経済はどうなるのでしょうか？

渡邉哲也氏（以下、渡邉）　結局、中国の経済は中長期的に立ちゆかなくなると思います。その最大のポイントは、米中のデカップリング（編集部注：切り離しのこと。米中経済を切り離して、中国の技術的優位を阻止し、米国の中国依存による脆弱性《ぜいじゃくせい》を打破すること）です。

米中のデカップリングのはじまりは米中の貿易戦争の開始です。関税合戦の中で、ファーウェイの排除にみられる先端技術を渡さないという大きな流れが出てきました。

このことで、米中の冷戦が進んでいくだろうと予想がついていたわけですが、大きな壁の遮断が、どこで起こるかが焦点でした。かつて東西冷戦時代に鉄のカーテンがありました。現在、これが竹のカーテンと呼ばれています。中国を中心とした包囲網です。

この竹のカーテンがいつ降りるのか、誰も予測がつきませんでしたが、新型コロナウイルスという百年に一度の疫病によって、一気に降りたのです。

現在の世界経済の構造は、約30年前の1980年代後半にベルリンの壁が壊されソビエトが崩壊し東西冷戦の終結から始まりました。その中で、改革開放路線をとった中国が漁夫の利を得る形で、ロシアとともに西側諸国の経済圏の中に入って出来上がったものです。

これによって、ひとつのルールで世界が動くワンワールドが進んでいくはずでした。ところが、実態としてはそうではありませんでした。中国は経済的な完全自由化を約束しましたが、なに一つ守らず、結果的に習近平体制に入ってから先祖返りする形で自らの手で再び冷戦体制に戻っていったのです。

その中でグローバリズムの終焉が起きました。グローバリズムとは何かと言いますと、地球規模でのヒト・モノ・カネの移動の自由化です。壁をなくすということです。

そこで、米中デカップリングの話に戻しますと、最初に起きたのはモノの自由化の遮断です。この第一段階が関税です。

そして輸出管理によるモノの移動の不自由化が起きました。アメリカは、先端技術や軍事技術を、もう中国には渡さないと決めました。アメリカは2018年にECRA（米国輸出管理改革法）という法律を作り、2019年にはNDAA（国防権限法）によって輸出管理を強化したのです。これによって、2019年5月15日にファーウェイへの技術規制が始まりました。

これが10月になるとさらに強化され、天網（スカイネット）と呼ばれるチベット・ウイグルなどへの監視システムに使われる、顔認証やAI、ハイテクビジョンといった監視カメラのメーカーなど8社も規制の対象になりました。

そして2020年5月には、それでもまだファーウェイが止まらないということで、少しでもアメリカの技術を含んでいたらファーウェイにモノを輸出してはいけないという、さらなる厳格化が図られました。

同時にコロナ禍によってサプライチェーンが寸断され、中国からアメリカにモノが行かなくなりました。日本でも同様でしたが、マスクや自動車部品等が入らなくなり、モノの分断が起きたのです。

続いて、新型コロナウイルスによってヒトは分断されました。1月末にアメリカは中国にいるアメリカ人7万人に対して帰国命令を出しました。中国も同様な対策をとりました。ヒトの行き来は現在（2020年7月5日）まで止まっています。

中国にいた7万のアメリカ人は、先端技術を持つ技術者などのホワイトカラーの人たちです。ブルーカラーでわざわざ中国に出稼ぎに行く人はいません。

編集部　そうですね（笑）。

アメリカによるモノの遮断の次に、ヒトの遮断が始まった

渡邉　ですから、金融マンや先端技術を持つ科学者や技術者が、一気にアメリカに戻っていきました。

さらに、アメリカは、アメリカから中国に不正な技術輸出をしていないかチェックを厳格化させました。アメリカの大学で米国政府の補助金をもらっていると外国政府や外国企業から補助金を許可なしではもらえない、もらっていたら申告しなくてはいけないという法律があるのです。

この取り締まりを厳格化しました。

実際、無申告であるということで、ハーバード大学のノーベル賞候補の教授まで逮捕しました。毎週1、2名の、技術を漏洩《ろうえい》させていたスパイ狩りが始まっているというのが、いまの状況です。

そして今回、香港問題（編集部注：中国が香港統治を強化する「香港国家安全維持法」の施行を強行したこと）を機に、アメリカは香港自治法という法律を成立させると同時に、軍産企業に関わる技術者等の中国ビザを廃止するとしました。

さらに、大学においても中国人留学生等の先端分野での留学枠はもう与えないとしました。ハイテクや先端技術分野において、これまで5年間のビザであったものを1年のビザにして、卒業が保証されない形でしかビザが発給されないような状態になりました。

このように、ヒトの分断が起きています。

そして、最後のポイントがカネです。カネが止まると中国の完全なデカップリングが起きます。

中国側も、アメリカ側に対して同じようなことを行っていて、先端技術に関する輸出を停止するなどさまざまな法律をつくっています。

このように、米中が分断されていき、世界中の企業や組織、団体等はどちらを選ぶのか二者択一を迫られているというのが、現在の状況の大枠です。

ファイブアイズは中国を許さない

編集部　実際、各国はどちらを選んでいるのでしょうか。日本は当然アメリカを選んでいると思いますが。

渡邉　最先端の分野において、軍需で一番のポイントとなるのは、やはり通信です。情報を制するものは戦争に勝つ、ファーウェイはその典型です。ファーウェイは中国企業ですから、ファーウェイを取るか取らないかは、米中のどちらを選ぶかの二者択一と言えます。

当初、イギリスはファーウェイの使用を許していましたが、香港問題を受けて転向しました。大英連邦の諸国で言いますと、オーストラリアも（反中で）一番強硬になってきていますし、カナダも一時は、中国とアメリカを天秤にかけていた側面もありましたが、香港問題を受けて、さらに強硬な反中に変わりました。

ファイブアイズは中国の敵に回っています。香港は自由社会のモデルケースだったのです。香港はイギリスがアヘン戦争で中国から手に入れた戦勝品です。当時、大英連邦、イギリスは七つの海を制覇する、世界の覇権国家でした。そのイギリスにおいてアジアの中心地が香港でした。

世界地図を見ていただくとわかりますが、当時のイギリスは南アフリカの喜望峰、オーストラリア、カナダ、アメリカと、ユーラシア大陸を取り囲むような形で海洋戦略を展開していました。位置的にそのど真ん中にあるのが香港です。

第一次世界大戦から第二次世界大戦までの間、上海が世界各国の強豪国が共有する居留地（租界）でした。そのとき、香港はイギリスの一部でした。

第二次世界大戦が終焉した後、世界中は上海を失ったけれども、香港はイギリスが持ち続けたわけです。ＨＳＢＣは香港上海銀行といいますが、名前の由来はここにあります。

現在の香港ドルを発券している銀行はＨＳＢＣとスタンダードチャータード銀行です。スタンダードチャータード銀行はイギリス東インド会社の末裔で、ＨＳＢＣはアヘン商人サッスーンの末裔です。

このような中で、香港は第二次世界大戦後の冷戦中も中国が世界と対話する窓口でした。中国は西側と直接対話ができませんでしたが、香港という窓口を通じて貿易を行っていたわけです。

世界各国は香港にモノを入れ、香港から中国にモノが入りました。香港は、フリー都市、自由都市です。現在でいうオフショアの地域です。

元々このオフショアの歴史は、シティ・オブ・ロンドンというロンドンの中心部にあるオフショアから始まるわけです。ここに、世界中の海洋ギルドや金の取引業者が集まっていました。

これが海運大国イギリスの原動力であり、そのアジアの支店が香港だったわけです。第二次世界大戦後もそれが残り続けました。香港はあくまでも西側の領土でした。

そして、30年前に東欧諸国が崩壊する中で、香港返還が行われました。そのときに定めたのが、50年間の一国二制度の維持です。

これは、最終的に香港（自由主義・資本主義）が中国（社会主義・共産主義）を飲み込むということを前提にした取り決めなのです。

一国二制度を破壊し約束を破った習近平

編集部　今とはまるっきり逆ということですね。

渡邉　そうです。鄧小平は、改革解放で西側社会に中国は入ると世界に公約しました。ただし、即座にやると国家が崩壊するから段階的にやらせてくれと鄧小平に言われて、西側が折れたのです。

そして、香港返還において、一国二制度を50年間維持するという約束をしました。そして香港市民に選挙権を与え、最終的には香港に中国が一体化していくという話だったわけです。

いまの香港暴動の始まりは「雨傘革命」です。

香港においては、市民は普通選挙権が得られていません。しかし、2017年から香港の首長選挙は直接選挙（普通選挙）にすると、中国政府はイギリスとの間で取り決めていました。

しかし、中国政府は、「中国の普通選挙権」だという言い方をしました。「中国の普通選挙」は、中国政府が認めた候補者の中からしか選べません。これは普通選挙とは言いません。

もちろん、香港の人たちは、完全に自由な候補者を選べるのが普通選挙だと思っていますから、これによって起きたのが雨傘革命だったわけです。これが香港のナショナリズムに火をつけました。

そして昨年の犯人引き渡し条例によって、再び新たなムーブメントが生まれました。これが台湾に波及する形で、台湾における蔡英文の再選につながりました。

習近平は蔡英文が再選するとは思ってもいませんでした。しかし、国民党は大敗し、ここにおいて中国は大敗北を喫しました。

そこで焦った習近平は香港に対して、やってはいけない一国二制度というものに手をつけたのです。それによって西側の保有する窓口だった香港は、中国の一部に化してしまいます。中国の香港省と言ったほうがいいでしょう。

なぜならば、いままでの香港は、警察が独自にあって、中国本土からは武装警官も含めて警察官は入れませんでした。それが、今回、中国本土の人間を香港警察に受け入れるとしたわけです。

立法においても香港には香港議会があり、その議会が自由な立法を認められています。しかし、今回、中国本土が決めた法律によって香港議会が制限を受けるということになっています。

これで立法、司法の独立まで奪われました。当然、警察権にまで介入しているため行政の独立も失われています。

これを一国二制度違反だとファイブアイズの人たちは言っています。そしてイギリスやカナダは、香港の在外市民の権利を最大３００万人に与えるとしました。香港返還というのはイギリスと中国との契約であると同時に、香港は大英連邦の一部だったので、大英連邦の諸国と中国との契約です。

在外市民とは、外から見たらイギリス人で、イギリスから見たら英国市民ではないので外国人です。ただし英国市民になれる、大英連邦の一員としての資格を与えたわけです。当然そうなると、香港にいる在外市民の保護の責任は大英連邦にあることになります。

ファイブアイズに戦争の口実を与えた一国二制度の破壊

編集部　確かに、在外市民を守る権利と義務が生じることになりますね。

渡邉　そして、オーストラリアなどが、それに賛同する発言を始めました。アメリカも当然ファイブアイズですから、イギリスと中国の間で問題が起きれば、アメリカも自動的に参加することになります。

だから、邦人保護という名目でファイブアイズが、軍事介入ができる条件を整えてしまったというのが、いまの状況です。

編集部　そうすると、いまの香港の状況は、アメリカなどのファイブアイズが軍事介入できるような状況にあるということなのでしょうか？

渡邉　邦人保護ということで言えば、そういうことになります。イギリス側は中国が一国二制度の約束を破ったと明言しているわけですから国際条約に違反しているのです。さらにそこには300万人ものイギリス人がいるのです。

これを守るのは国家の責務です。フォークランド紛争を見るとよくわかります。在外領土であっても軍隊を出してイギリスは領土を取り返します。遠く離れたアルゼンチンでやったわけですからね。やるやらないは別にして、できる要件は揃えているということです。

編集部　中国の習近平はそうなっている状況を当然わかっているわけですよね。それでもまだ一国二制度を壊してしまうのはなぜでしょうか？

渡邉　もう、習近平のとるべき術がないからです。中国経済全体で見ると、2015年に人口ボーナスから人口減少型社会へ転落し、それも一人っ子政策によって日本の3倍の速さで高齢化社会を迎えています。

国家全体ではピークアウトしています。不動産バブルなどさまざまな官製バブルで経済を膨らまし続けてきたけれど、これ以上膨らましようがない状況まで来ています。

これまで世界の工場として伸びてきたけれども、賃金が上昇してしまい工場としての魅力がなくなっています。中国における製造業は、これ以上の拡大は難しいのです。

それ以外にも、食糧自給率では100%近かったのが、80%まで低下しており、資源も輸入し続けなくてはなりません。

14億人の人口がいますが、これも日本人の概念とは全く違っていて、日本と同レベルの生活ができるのは1億5千万人しかいません。日本がもうひとつあるくらいの話なのです。格差が非常に激しいのです。

14億人全員を日本の生活レベルまで引き上げようとすると、地球が2つ、3つ必要になります。食でいえば、鶏肉で6倍、豚肉で8倍、牛肉で12~15倍が必要になります。食の高級化だけでも、もう耐えられないわけです。

1997年に97%あった大豆の自給率が、今は14%しかありません。皆、豚肉を食べるため、豚の餌になっています。

環境破壊が限界を超えてしまった中国

編集部　大豆がですか？

渡邉　そうです。食だけで見てもそういう状況になっているわけです。

さらに、エネルギーを含めた資源を確保しなくてはならないとなると、これまでやってきた乱開発も限界に来ています。地球環境が許しません。

中国は、人口が多いのだから、農業を中心とした環境保全型の緩やかな発展をしていけばよかったのです。

ただ、それだと急速な発展は望めませんでした。急速な発展をするために、環境を破壊しリソースを食う形になりました。そうなると結果的に人が住めない土地が出てきます。

そういう状況の中で人口的にも発展ピークが訪れ、アメリカがNDAAによって技術輸出を止めたため、「中国製造2025」という中国の目標も撤回せざるをえない状況になっています。

たとえば、ファーウェイは携帯5Gにおいてトップブランドですが、ファーウェイのCPUはハイシリコンというファーウェイの小会社が設計しています。

それはあくまでもファブレスという工場を持たないメーカーなので、実際に製造していたのは、台湾のTSMCだったのです。そこで、アメリカは台湾のTSMCに圧力をかけ、ファーウェイへの供給を止めさせました。

台湾のTSMCは中国を選ばずにアメリカを選んで、アメリカに工場を作るとしました。この時点でもう作れないのですから、中国は終わったのです。

アメリカはARMというCPUの基本部分の設計、リソースも使用禁止にしました。設計のダイアグラムを書く設計支援ソフト、アメリカの3社がほぼ100%自社で持っているのですが、これも技術支援の禁止としました。

つまり、もうファーウェイは完全にオリジナルで、新たな設計でないと携帯の5Gは作れません。作りたくてもその半導体を作る機械が手に入らないのです。こういう形で先端技術分野から、アメリカは止めていっているので、習近平は、ニッチもサッチも行かなくなっているでしょう。

自由化を認めることは共産党の独裁体制の崩壊を意味する

編集部　そうであれば、逆にアメリカに妥協して技術をもらうといった方向に行ってもいいのではと思いますが。

渡邉　しかし、アメリカに妥協するということは自由化ですから、共産党の独裁体制が壊れてしまいます。習近平はそれを恐れています。

ですから、アメリカは共産党が壊れればいいとしているのです。

中国が敵なのではなく、中国共産党が人類の敵であると言っています。いまの中国の体制は8千万人の共産党員が13億2千万人を奴隷のように使う、二層構造になっています。

8千万人とそのベースにあるのが3億人の都市住民で、11億人の農村部の住民たちがそれを支えている構造なのです。自由化すれば、いまの共産党による一党独裁の支配体制も壊れてしまいます。

香港の例がその典型です。普通選挙を行うと、共産党は独裁体制を維持できません。多数決になるのでそれは無理です。13億2千万人の虐げられた民と、8千万人のエスタブリッシュメントがいたら、下克上が起きます。つまり、自由化＝共産党支配体制の崩壊なのです。

これを中国共産党は認めることができません。ですから、結果的に先祖返りする形でいわゆる共産党の独裁、毛沢東体制に戻していくしか共産党の生きる道がないのです。

編集部　今後、米中の対立は、より深刻化していくということになっていくのでしょうか？

渡邉　可能性としては必然的にそちらのほうが高いです。いま、香港では民主化の活動家が海外へ逃げ始めています。いまのところ、香港からカネも移せます。これを香港政府も中国政府も容認しています。

本来、カネやヒトの移動を中国は止めることができるわけです。しかし、それを止めたら、それこそ戦争になります。イギリスの財産やアメリカの資産も香港にありますから、邦人保護の名目に財産保護の名目がさらに付け加えられるのです。

それをわかっているから中国も何もできないという睨み合いの状態です。

おそらく、ひとつの最適解は中国の自発的な鎖国です。それであれば戦争を起こさずに済むからです。

香港問題を皮切りに中国はデフォルトから崩壊に向かう

編集部　鎖国ですか。

渡邉　さらに、先ほどお話ししたヒト・モノ・カネの移動の自由化で香港問題が悪化した場合は、香港のカネの流れが止まりますから、中国は国際決済ができなくなります。

　いままで、中国は香港ドルを使って国際貿易をしてきました。香港ドルというのは、ドル・ユーロアタック通貨といって、銀行が持っているドル債権を担保に発行されるドルの引き換え券なのです。

　そして香港ドルと人民元が両替できることで、人民元の価値が担保されてきました。ところが、この香港ドル自体が無効化したり無価値化したりしてしまえば、人民元の裏付けもなくなるため、決済もできなくなります。

　現在、アメリカは、香港に関して香港自治法という法律を作り、香港の人権弾圧に関わったヒト・モノ、団体、組織の、銀行取引を止め、取引している銀行も制裁対象とするとしています。ということは、アメリカが制裁リストに入れると、銀行は取引対象顧客から外すしかないわけです。外さなければ、アメリカの制裁を受け、その銀行がドル決済できなくなってしまいます。

　そうなると、問題になるのが、両替銀行になっていたHSBCやスタンダードチャータード銀行という発券銀行、そして中国銀行の三行、さらに、中国共産党の口座と共産党幹部の口座を持っている中国の四大銀行です。

中国の四大銀行だけでドル建ての対外債務が1・1兆ドルあります。そのうち47%が預貯金、いわゆる企業や政府などの外貨預金で、残り53%が外国銀行との借入および債券発行という構造です。

中国の企業は、海外で商売する場合、アメリカにモノを売るとドルで受け取りますが、受け取ったお金はすべて四大銀行に入れなくてはいけません。国内でお金を下ろす場合は、ドルで下ろしません。

簡単に言いますと、ここに預かり金として47%持っているのが、その決済用資金なのです。企業として仕入れた分は、人民元では受け取ってもらえないので、ドルで支払わなくてはいけません。

その中国の四大銀行が取引から排除されるおそれがあります。中国の四大銀行としては、中国共産党なり中国共産党幹部の口座を守るのか、それとも海外との取引を守るのか二者択一を迫られますが、どちらを選んでも地獄です。

これで中国の四大銀行がドル決済できないとなると、そこで破綻、外貨建ての債権についてデフォルトが生じます。そうなると連鎖的に、中国の国の外で活動している企業のほとんどは決済用資金を失い、決済ができなくなります。そして中国の国有銀行自身も破綻していきます。

香港問題を皮切りに、中国は戦争の危機と破綻の危機を迎えているわけです。日本人にも中国にこびている人がいます。ただし、よく勘違いをしますが、中国人に頭を下げているわけではなく、中国のカネに頭を下げているのです。その中国が破綻の危機にあるのです。

日本においても経団連などがさまざまな面で中国に忖度《そんたく》していますが、あれは皆、中国のカネに頭を下げているわけであって、中国人に頭を下げているわけではありません。中国人にではなく、中国が使ってくれるお金に対してです。早急に、日本人もそれに気がついて、中国からデカップリングすべきです。

渡邉 哲也（わたなべ てつや）
1969年生まれ。日本大学法学部経営法学科卒業。貿易会社に勤務後、独立。複数の企業運営に携わる。2009年、インターネットでの経済評論が話題になり『本当にヤバイ！欧州経済』（彩図社）がベストセラーになる。内外の経済・政治情勢のリサーチ分析に定評がある。単著のほか共著に『世界は沈没し日本が躍動する』（ビジネス社）、『韓国経済はクラッシュする』（悟空出版）など著書多数。

隠蔽に世界が激怒した武漢ウイルスは兵器だ！

故意にしろ事故にしろ、武漢ウイルスは兵器として作られていた可能性が高いのだ。

坂東忠信（外国人犯罪対策専門家）

今回の武漢ウィルス発生地である武漢市は4月8日に封鎖を解除、しかし中国各地では今も感染拡大が続いているとみられ、死者3千人台とする中国の公式発表とは別に、携帯電話の解約状況から700万人を超える死者の存在が疑われています。中国がこれほどまでの死者を短期間に発生させ、その実数を隠蔽せざるをえないこのウイルスは、果たして自然発生的なものなのでしょうか？

私は今回の武漢ウイルスに関しては、中国の対応や反応から、当初より兵器目的で研究・開発されたものではないかと疑っております。ウイルス拡散の原因が故意的散布か漏出事故かは不明ながら、このウイルスを兵器であると疑う理由をご説明いたしましょう。

武漢で防疫軍事演習の後、軍人運動会を実施

実は、2019年10月18日から、武漢では100カ国以上の軍人が集まり技を競う「第7回世界軍人運動会」が開催されていたのです。

幸いにして、自衛隊とイギリス軍、オーストラリア軍、ニュージーランド軍は参加していませんでしたが、米軍を含む世界各国軍の選手が参加し大々的なイベントが開催されていました。日本在住の元中国共産党青年団幹部で、現在「月刊中国」主幹の鳴霞《めいか》氏によると、中国側はこの運動会を利用し米軍チームなどにウイルス拡散を画策したのだそうですが、なんと仕掛けた中国解放軍が感染してしまった、とのこと。

そして実は、この計画の目的を裏付ける解放軍内の大規模な感染防疫演習が事前に実施されていたのです。解放軍ではこの軍人運動会のちょうどひと月前の9月18日、湖北省の天河空港で荷物から「新型コロナウイルス」が検出されたという想定で、感染対策演習訓練を行っていたことが、地元のメディア「湖北日報」で報じられていました（図1）。

しかもこの演習は伝染病学調査や医学調査、臨時検疫区域の指定や隔離・移送の措置などを含めた有事即応のための大規模な実戦形式でした。そうなる可能性を想定する計画があったからこそ、こうした演習を実施したのではないでしょうか？

もっとも国際空港であればこうした訓練はするものですし、実際にこの空港ではこれま

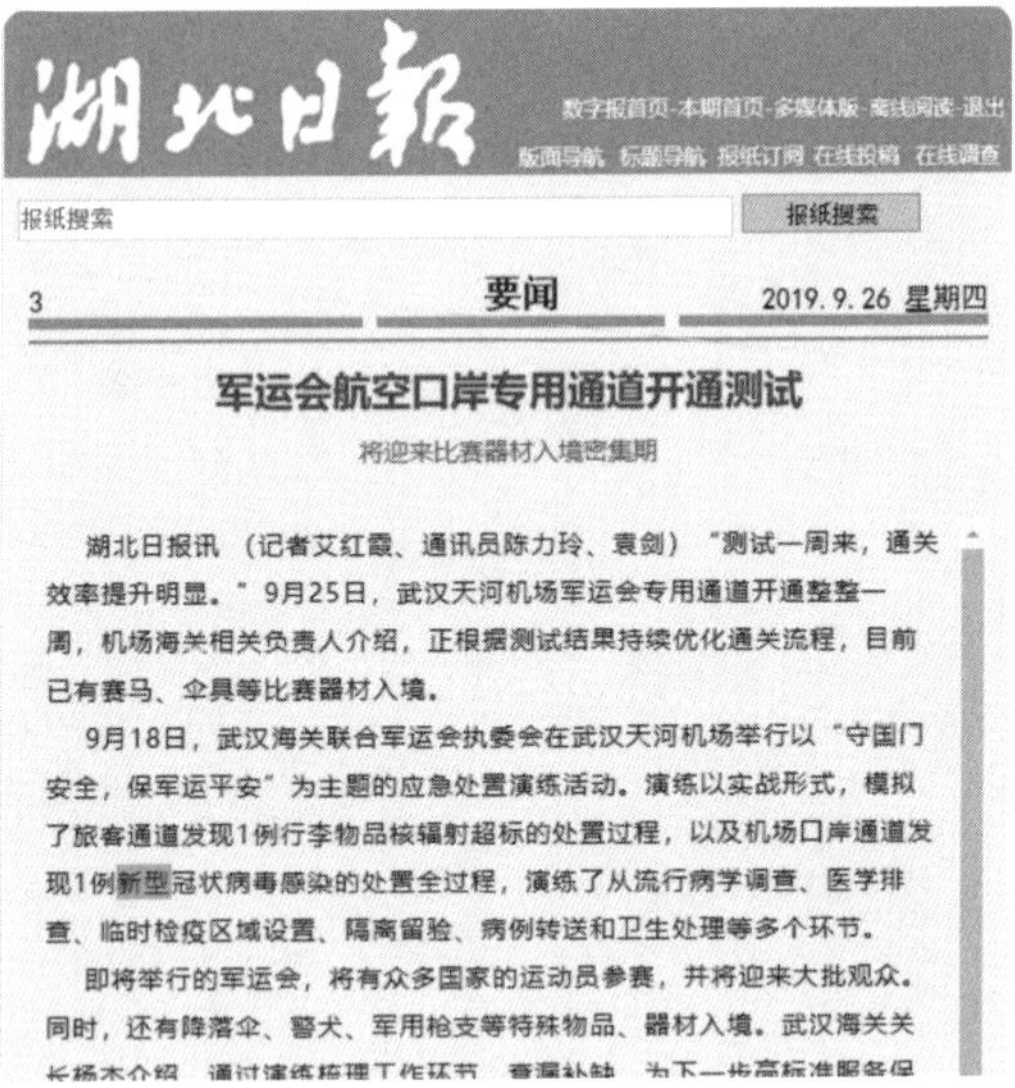

湖北日報

数字报首页-本期首页-多媒体版-离线阅读-退出

版面导航 标题导航 报纸订阅 在线投稿 在线调查

报纸搜索 报纸搜索

3 要闻 2019.9.26 星期四

军运会航空口岸专用通道开通测试

将迎来比赛器材入境密集期

湖北日报讯（记者艾红霞、通讯员陈力玲、袁剑）“测试一周来，通关效率提升明显。”9月25日，武汉天河机场军运会专用通道开通整整一周，机场海关相关负责人介绍，正根据测试结果持续优化通关流程，目前已有赛马、伞具等比赛器材入境。

9月18日，武汉海关联合军运会执委会在武汉天河机场举行以“守国门安全，保军运平安”为主题的应急处置演练活动。演练以实战形式，模拟了旅客通道发现1例行李物品核辐射超标的处置过程，以及机场口岸通道发现1例新型冠状病毒感染的处置全过程，演练了从流行病学调查、医学排查、临时检疫区域设置、隔离留验、病例转送和卫生处理等多个环节。

即将举行的军运会，将有众多国家的运动员参赛，并将迎来大批观众。同时，还有降落伞、警犬、军用枪支等特殊物品、器材入境。武汉海关关

图1 「湖北日報」2019年9月26日の記事

でにもさまざまな感染への対応演習訓練が行われていました。

これだけをもって疑うのはやはり元刑事の職業病が抜けきれていないからではないかと言われそうですが、疑う要素は他にも多数あるのです。軍人運動会で感染した他国の軍人が空港内で知らずに拡散させてしまう危険性を考慮した防疫訓練だったのではないでしょうか？ それとも、単なる偶然なのでしょうか。

隠蔽と実態把握・解明が水面下で同時進行していた

今回の武漢ウイルスの発生と拡散に関しては、中国政府の隠蔽と実態把握・解明が同時進行していました。隠蔽しながらも解放軍海軍工程大学では2020年1月2日に「学校来訪者の厳格な体温測定検査を実施せよ」との通達が出ていましたが、3日には医療現場

でウイルスの存在を確認し危険性を訴えていた眼科医の李文亮《りぶんりょう》氏など8人をデマ拡散の罪で訓戒処分にしています（李文亮氏は後に感染して死亡）。

実は同日の1月3日、もうひとつの動きがあり、これが事実の隠蔽と証拠の隠滅を示す重大な証拠となっています。2月27日、「財新網」（中国のジャーナリスト胡舒立《こじょりつ》が2009年に創設した民間経済ニュースメディア）が「3号文」と呼ばれる情報隠蔽措置命令通達があるとの記事を公開しました。

その「財新網」は「昨年12月末段階ですでに、中国で複数の医学権威的機関が『SARSに類する』伝染性の高いコロナウイルスを検出・報告していたことを、国家衛生健康委員会が隠蔽していた」と報道しました。中国側は1月1日には武漢の公的通知により各機関の検査試験を停止したそうですが「1月3日には中国共産党国家衛生健康委員会から採取したウイルスのサンプルを破棄するか、指定場所に送付することとともに、対外的情報漏えいを禁止する通達があった」というのです。

この通知が「3号文」なのですが、そう呼ばれる理由はこの通知は2020年に入って国家衛生健康委員会が出した3番目の通知だからです。これについては朝日新聞も2月28日に「未知のコロナ、政府がサンプル廃棄指示か　中国誌報道」というタイトルで報じていましたが「3号文」そのものは中国のサイトにも出ておらず、国家機関の公式発表からも削除されたようで、存在そのものが見つからなかったのです。

ところが、こんな文書が出てきました（図2）。

詳細がとても読みにくいのですが、発出元を拡大したのが図3です。「［2020］3号」と記載されています。その上に「国家衛生健康委員会弁公庁」の印章があることから、国家レベルの報告・受理があったことを示しており、これを最高指導者の習近平が知らないはずがないのです。なんとか読み取れる程度のかすれた文字からも、この3号文は中国共産党政権がウイルス感染に関する証拠を隠滅し情報をコントロールしようとした指示書であることは明白です。

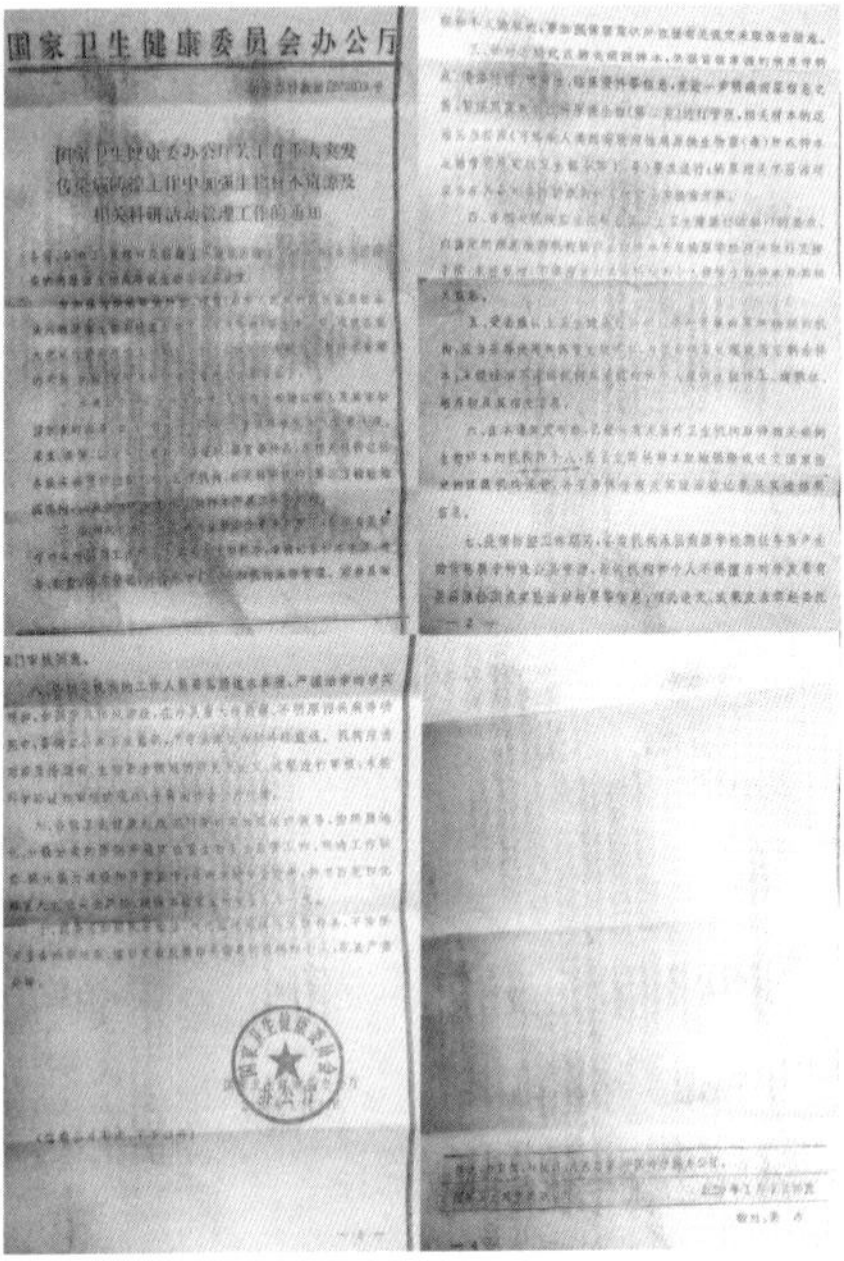
国家卫生健康委员会办公厅

図2　「3号文」のコピーを接写した画像

しかしコピーの接写なので読みにくく、所々見えなかったりもします。わざとぼかしたようなコピー画像にも見えてなんとも怪しい感じもしますが、実はこの3号文

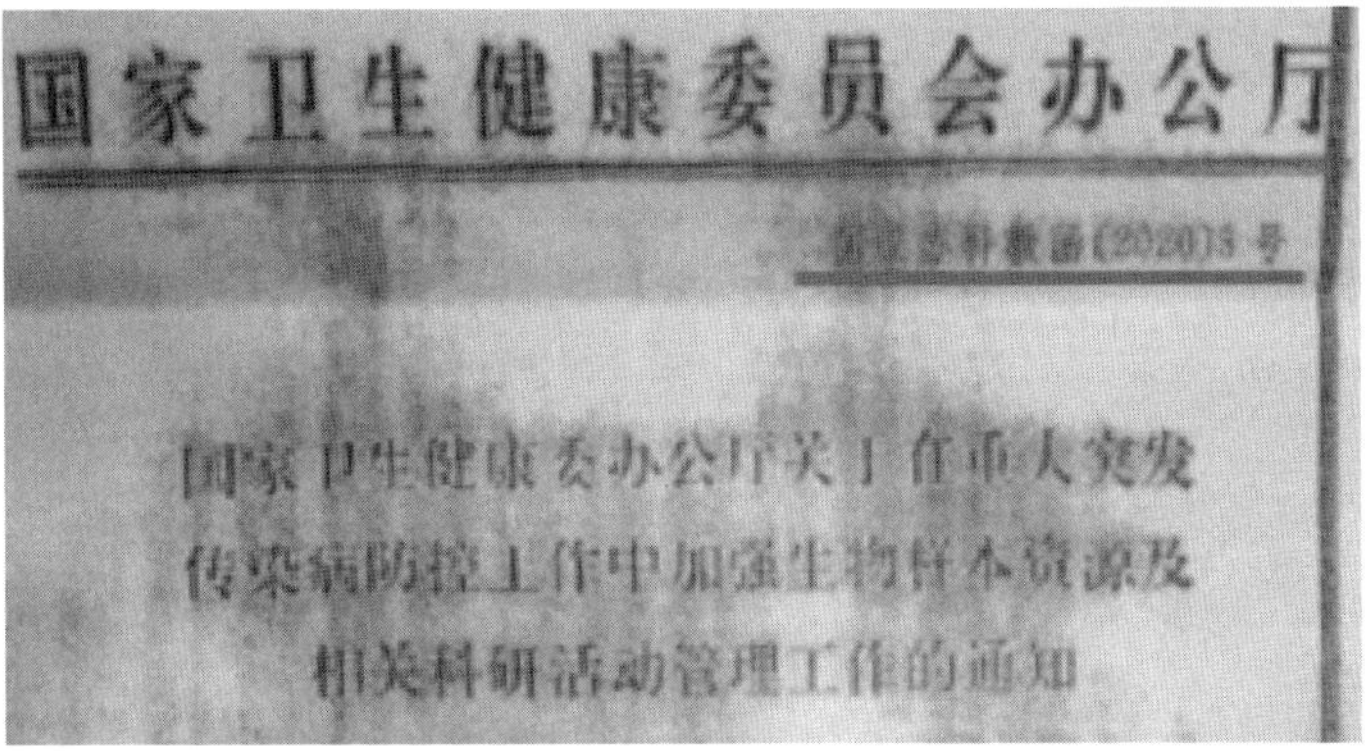
国家卫生健康委员会办公厅

国卫办科教函〔2020〕3号

国家卫生健康委办公厅关于在重大突发传染病防控工作中加强生物样本资源及相关科研活动管理工作的通知

図3　図2の拡大図

を元に、黒龍江省の衛生健康委員会がそのＨＰで通知を出していました。

そこには、ウイルスに関して保存すべき研究内容や保存すべき基準、ウイルスサンプルの保存条件などが明記されていたのです。先のコピー画像で見えにくい部分も、この通知と照合すると瓜二つ。

そして冒頭に「根据《国家卫生健康委办公厅关在重大突发传染病防控工作中加强生物样本资源及相关科研活动管理工作的通知》（国卫办科教函〔２０２０〕３号）（訳：「主要な緊急感染症の予防と管理における生物試料資源と関連する科学研究活動の強化に関する全国保健衛生委員会の総局の通知」（国衛弁科教函〔２０２０〕３号）により）」と書かれていることから、現在ネット上から削除され隠蔽された国家衛生健康委員会弁公庁の「３号文」は存在し、それをそのまま黒龍江省衛生健康委員会が出していた可能性が高まった

（三）哈尔滨兽医研究所保存的样本，如按国家要求需销毁的，应当按照《人间传染的病原微生物菌（毒）种保藏机构管理办法》（中华人民共和国卫生部令第68号）要求进行，应经实验室负责人批准，在专册上注销并注明原因、时间、方法、数量、经办人、监督人等。销毁后，报省卫生健康委备案。

各医疗机构、疾控机构、第三方检测机构在运送样本时，应依照《可感染人类的高致病性病原微生物菌（毒）种或样本运输管理规定》（卫生部令第45号）和省卫生健康委的相关规定，规范包装专人专车运送，确保样本运输安全。

（五）根据《国家卫生健康委办公厅在重大突发传染病防控工作中加强生物样本资源及相关科研活动管理工作的通知》（国卫办科教函[2020]3号），加强生物样本资源的科研活动管理。一是各相关单位，未经省级以上卫生健康行政部门批准不得向任何其他机构和个人提供生物样本、病原体、培养物及其相关信息。二是在本通知发布前，已经从有关医疗卫生机构、疾控机构及第三方检测机构取得相关病例生物样本的机构和个人，应当立即将样本就地销毁或送交至本辖区市级疾病预防控制中心保存或处理，并妥善保存有关实验活动记录及实验室结果信息。三是疫情防控工作期间，各类承担病原学检测或科研任务的机构所产生的信息属于特殊公共资源，任何机构和个人不得擅自对外发布有关病原检测或实验活动结果等信息；相关论文、成果发表须经委托部门审核同意。

（六）各地市卫生健康委要切实加强组织领导，按照属地化原则，做好本辖区在疫情防控期间的样本保存和使用，加强实验室生物安全的监督管理，及时消除安全隐患，努力防范和化解重大生物安全风险。

図4　黒龍江省の衛生健康委員会【关于印发新型冠状病毒肺炎患者检测样本保存和使用的通知】

のです。

その肝心の、ウイルスに関する情報管理については「三、相关要求」（三、関連する要求）の（五）に書かれていました。

タイトルを訳すると「発信した新型コロナウイルス肺炎患者検査測定サンプルの保存と使用に関する通知」。その内容については以下のとおりです。

太字は私が強調したものです。

（五）「主要な緊急感染症の予防と管理における生物試料資源と関連する科学研究活動の強化に関する全国保健衛生委員会の総局の通知」（国衛弁科教函「2020」3号）により、生物サンプル資源の科学的研究活動の管理を強化する。

第一に、すべての関連部門は、**省レベル以上の衛生健康行政部門の承認なしに、生物学的サンプル、病原**

体、培養および関連情報を他の如何なる機関や個人にも提供してはならない。

第二として、この通知が発布される前に、関連する医療および保健機関、疾病制御管理機関、および第三者検測機関や個人は、既に取得した関連症例の生物学的サンプルを直ちに破棄するか、管轄区域の市クラスの疾病予防制御センターに送り、制御センターはそれを保持または処理して、関連する実験活動を記録し実験室の結果情報を適切に保持すること。

第三に、**伝染予防制御活動期間中に、病原性検査測定または科学的研究タスクを実施する各種機関によって作成され承認された情報は特殊公共資源として、如何なる機関または個人も、許可なく関連ウイルス検査試験あるいは実験活動などに関する結果情報を公開してはならない。**関連する論文や成果の発表は、承認委託された部門による確認と同意を必要とする。

これにより、少なくとも1月3日には国家衛生健康委員会弁公庁という国家組織レベルへの報告があったことは明らかです。

さらにこの後の、ウイルスに関連する中国の動きをみてみましょう。

1月5日には武漢市政府が、肺炎は人から人に感染しないこと、医療関係者への感染もないことを公告しています。しかしこの日、病院関係者の感染が確認されていたのです。

一方で同日、上海復旦大学附属の衛生臨床センターは、このウイルスがSARSウイルスと89・11％が同じであること、呼吸器系から伝染することを国家衛生健康委員会に報告。

実はこの報告書の中で、上海復旦大学附属の衛生臨床センターは最初にこのウイルスを特定した研究機関として、このウイルスを「Wuhan－Hu－1冠状病毒」、略称を「WHCV」と命名しています（図5と図6）。

Wuhanは武漢のピンイン（拼音）であり、Huは武漢がある湖南省の「湖」のピンインと思われますが、これを日本語に訳した場合「武漢ウイルス」と呼ぶのは当然でしょう。

しかし中国はまだ事実を隠蔽し続けます。

1月6日には武漢市第13回第4次政治協商会議を開催、10日午前に閉幕。

1月7日には武漢市第14回第5次全人代開催、武漢市市長周先旺がこのウイルスに関する事項を政府に報告し、10日の午後閉幕。そして1月9日中国衛生専門家が「武漢肺炎」を新型コロナウイルスであると確定。それにもかかわらず春節連休（1月24日～31日）の前半まで海外旅行者などの出国を放置していた（ツアー客の出国禁止は1月27日から）ことは明白で、これにより世界への感染拡大を容認、もしくは黙認していたことも明白なのです。

しかし中国はいまだに個人旅行者やプライベートジェットによる出国を認めていることから、海外への感染拡大阻止に全面協力するつもりがないことも明白です（ただし7月17日現在、日本をはじめ受入国で入国を原則拒否しています。ここ14日以内に中国にいた場合は入国不可。外国で14日間を過ごして来日しようとしても、国際空港を持つ諸外国が同様の条件で入国を拒否中です）。

3号文の存在とその内容から明らかになったこれらの状況から、中国政府による世界的感染の拡大と、これに伴う死者58万5千人（7月17日の時点）の発生は、刑法でいう「未必《みひつ》の故《こ》意《い》」に該当します。未必の故意とは、簡単に言うと「殺す気は

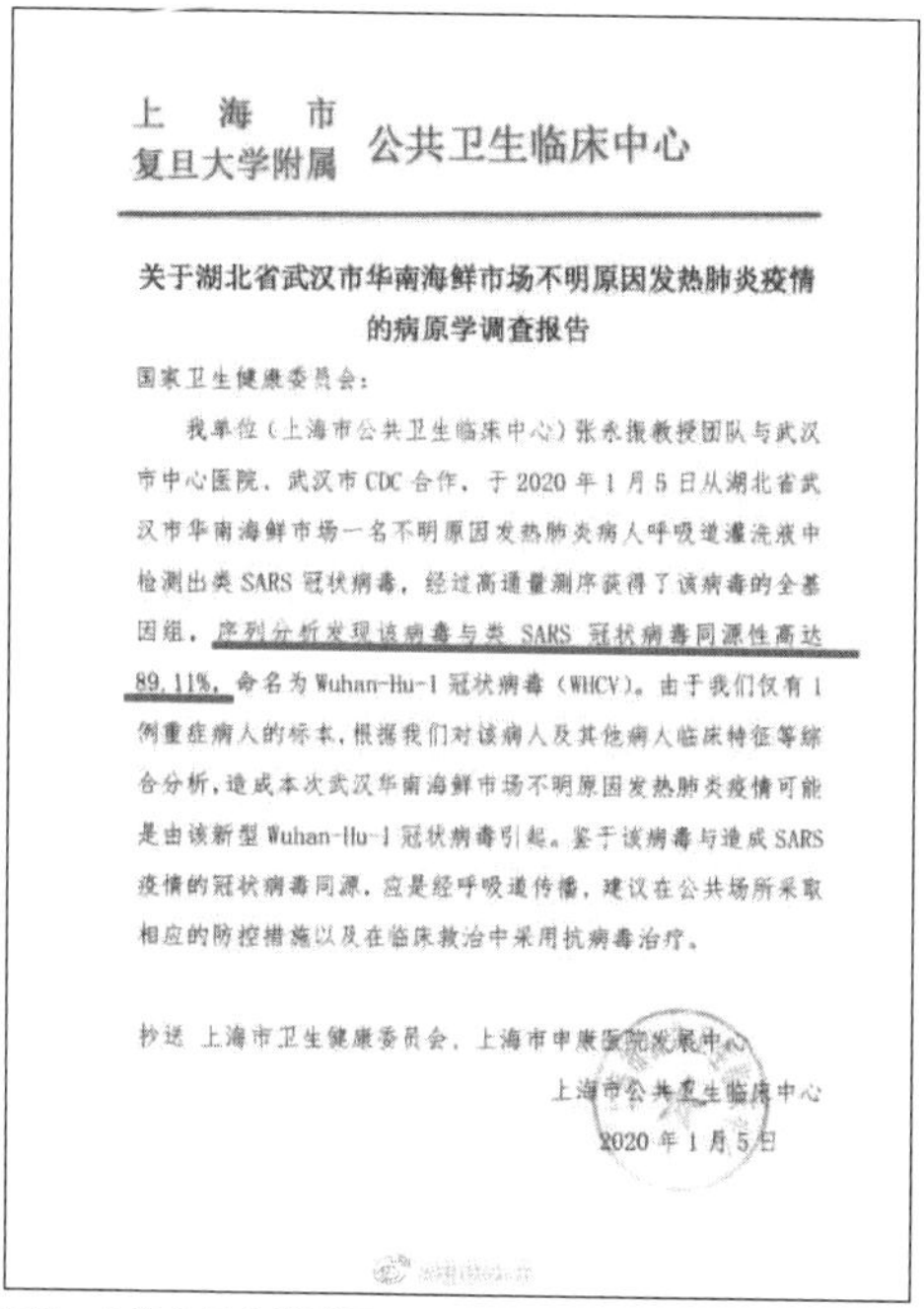

上 海 市
复旦大学附属　公共卫生临床中心

关于湖北省武汉市华南海鲜市场不明原因发热肺炎疫情的病原学调查报告

国家卫生健康委员会：

我单位（上海市公共卫生临床中心）张永振教授团队与武汉市中心医院、武汉市CDC合作，于2020年1月5日从湖北省武汉市华南海鲜市场一名不明原因发热肺炎病人呼吸道灌洗液中检测出类SARS冠状病毒，经过高通量测序获得了该病毒的全基因组，序列分析发现该病毒与类SARS冠状病毒同源性高达89.11%，命名为Wuhan-Hu-1冠状病毒（WHCV）。由于我们仅有1例重症病人的标本，根据我们对该病人及其他病人临床特征等综合分析，造成本次武汉华南海鲜市场不明原因发热肺炎疫情可能是由该新型Wuhan-Hu-1冠状病毒引起。鉴于该病毒与造成SARS疫情的冠状病毒同源，应是经呼吸道传播，建议在公共场所采取相应的防控措施以及在临床救治中采用抗病毒治疗。

抄送 上海市卫生健康委员会，上海市申康医院发展中心

上海市公共卫生临床中心

2020年1月5日

図5　上海復旦大学附属の衛生臨床センターの報告書

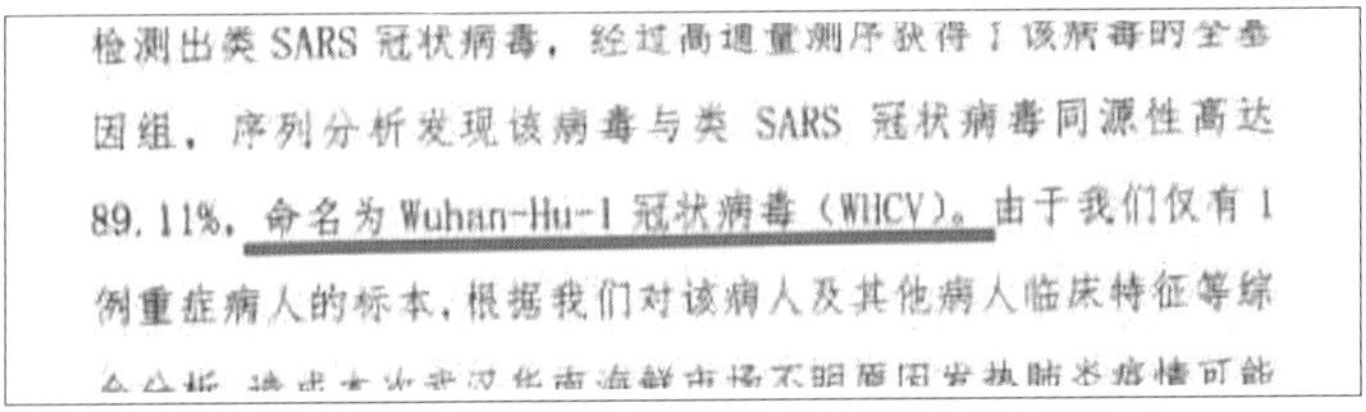
检测出类SARS冠状病毒，经过高通量测序获得了该病毒的全基
因组，序列分析发现该病毒与类 SARS 冠状病毒同源性高达
89.11%，命名为Wuhan-Hu-1冠状病毒（WHCV）。由于我们仅有1
例重症病人的标本，根据我们对该病人及其他病人临床特征等综

図6　図5の拡大

ないけど、まあ死んじまっても構わないかな」という意志であり、中国政府上層部ではそう考えていた可能性が高いことはすでに説明した複数の状況から明らかです。

積極的な大量殺害の意図や希望ではないとしても、そこから発生する事実を予測することができ、そうなる可能性を認識したうえで、国内においては言論弾圧・情報統制・証拠隠滅を指示・実施し、国外に対しては春節連休時期（1月24日から30日までの7連休）の内、出国者が多いその前半の27日までの3日間、中国人民の国外旅行を規制していなかったことは、客観的事実から明らかなのです。

そしてその一方、この3号文が通達された事実を公表した李文亮氏が処分を受けたその日、実は中国政府はＷＨＯに対し44人の原因不明の肺炎患者の内11人の重篤患者の存在、その他の経過を報告しています。しかし、多くの人はこの時ＷＨＯが組織的に中国寄りであること、そのトップに在るテドロス事務局長が、殺人や拉致、拷問を含む活動実績からアメリカのテロ組織指定を受けた、共産主義思想の極左過激派「ティグレ解放戦線」の幹部であることを知りませんでしたし、今もほとんど知られていません。

兵器としてのウイルス開発

本稿執筆時点まで世界での感染者は1360万人、死者58万5千人、760万人が回復するもその約8割が何らかの後遺症を訴えています。

これは本当に自然的に発生したウイルスなのでしょうか?

私はまだ日本国内で感染が拡大していなかった2月1日、ネット内である書籍を見つけたのです(図7)。タイトルは日本語にすると『SARS **自然ではない起源と、人が人を制する新種のウイルス遺伝子武器**』。北京にある軍事医学科学出版社から出版されていました。

誰かが画像を作ってデマを流しているのか?　と思ったのですが、Amazonでも国外で販売されて、すでに品切れであることを確認。中国側(おそらく海外居住の中国人)のTwitterには、この書の目次コピーがあり、ざっと目を通したところ……完全にヤバい内容でした。

タイトルから激ヤバなこの本の第五章と第六章の目次を翻訳してみました。

図7　書籍の表紙

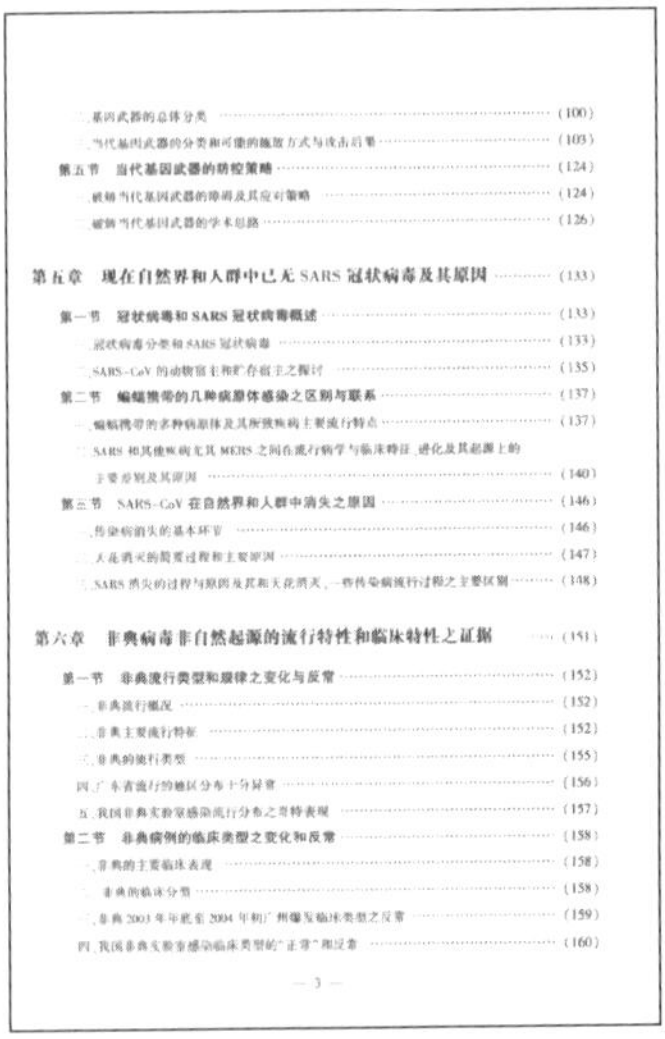

— 3 —

図8　書籍の目次

第五章　現在の自然界と人々の中に無数のSARSとコロナウイルスが存在するその原因（p133）

第一節　コロナウイルスとSARSの概要説明（p133）

一　コロナウイルスの分類とSARSコロナウイルス（p133）

二　SARSウイルスの動物宿主と蓄積する宿主の検討（p135）

第二節　コウモリが携帯している何種類かのウイルス感染の区別と関連（p137）

一　コウモリが携帯している多種の病原体及びその疾病の主要な流行の特徴（p137）

二　SARSとその他の疾病、特にMARSとの間の流行病学と臨床特徴と進化

三　SARSが2003年の年末から2004年初めにかけて広州でパンデミックした臨床類型の異常（p159）
四　我が国のSARS実験室感染臨床類型の〝正常〟と異常（p160）

どんな作者なのかと調べてみると、なんと解放軍の軍人です。
筆頭著者は徐徳忠という、人民解放軍第4軍医大学軍隊流行病学教育研究室教授です。
経歴を翻訳した結果は以下のとおり。
1941年10月生まれ 江蘇省無錫市
1965年入隊　北京医科大衛生系6年制本科を卒業。その年に第4軍医大学流行病学専門研究生に合格、1968年卒業
1981年 アメリカ疾病コントロールセンターとベイラー大学医学院（テキサス州）に進学
1987年副教授に昇任、入党
1989年に教授になり、1989年に副主任
1993年から2002年まで主任
現在は第4軍医大学軍事予防医学系軍隊流行病学教育研究室教授、博士指導員

民族は漢民族
最終学歴 第4軍医大学
主要な肩書 軍事予防医学系軍隊流行病学教育研究室教授、博士指導員

また、次席著者も解放軍軍人の李鋒。総後勤部衛生部防疫局副局長で、「中国健康促進と教育協会」の副会長。さらに副主編として、第4軍医大学軍隊流行病学教育研究室副主任の王安輝ほか、陝西師範大学生命科学院副教授、第4軍医大学軍隊流行病学教育研究室副教授、陝西省武警委員消化内科主任医師などの肩書を持つ人物が名を連ねています。

この目次画像は中国人が電子書籍としてダウンロードしたものを画像データとして保存したものと思われます。

中国は1984年に生物兵器禁止条約（BWC）を批准・加盟し、1997年に化学兵器禁止条約（CWC）を批准しています。しかし北京の軍事医学科学出版社から発刊されたこの書籍の目次からおわかりのとおり、このウイルスは、敵の混乱や殲滅《せんめつ》を目的に開発された兵器の可能性が出てきたのです。中国はウイルス兵器にタッチしていないと言いますが、タイトルには明確に「武器」と書いてあります。そして目次には、「コウモリが携帯する数種類のウイルス感染の区別」といったテーマが並んでいます。

しかし、少なくとも表紙と目次からは、SARSや蝙蝠《こうもり》を対象としたウイルス遺伝子兵器の研究を進めていたことは明白。国家ぐるみで生物兵器の開発をしていたことは間違いないでしょう。

ただ、現在上陸しているこのウイルスが、この本で示されている研究対象かどうかは証明する方法がありません。そして中国は現在に至るまで日本の厚労省が発生確認時から求めているウイルス株譲渡に全く応じておらず、いまだに無回答を通しています。発生初期の、変異がまだ発生していない元のウイルス株を日本や他国が取得した場合、それが兵器として開発されていたものと一致したりすると言い逃れできないからではないか……と私は疑っています。

感染拡大をチャンスに変える中国の目論見

今回のウイルスが生物兵器の研究所から漏れたとすると、故意か、過失かが問題になりますが、ワクチンがない状態で拡散しているため過失かもしれません。しかしその過失による発生を利用し「災い転じて福となす」を狙ったのではないでしょうか。

中国は以前より人口問題を抱え人口爆発を恐れて一人っ子政策を導入しました。その結果、性別比が男性120：女性100の歪《いびつ》な社会ができたうえに、地域の都市化で核家族化から離婚率が高まり、離婚後は男性が子を引き取る社会背景から、自由になった女性は次の男と「一人っ子」を作るため、人口増加は止まらなかったのです。

そして偶然か、武漢ウイルスは高齢者の感染率、致死率が高く、若年層の死亡率が比較的低い。果たして本当に偶然なのか。

かつて毛沢東が、1957年11月にソ連で開かれた社会主義陣営の各国首脳会議に参加した時、ソ連のフルシチョフ書記長が提唱した西側との平和共存論に反発して「我々は西側諸国と話し合いをする必要はどこにもない。武力をもって彼らを打ち破ればよいのだ。核戦争になっても別に構わない。世界に27億人がいる。半分が死んでも後の半分が残る。中国の人口は6億だが半分が消えてもまだ3億人いる。われわれは一体何を恐れるのだろうか」と言い放ったそうな。そして習近平はその毛沢東に崇敬の念を持っているといわれています。

彼個人だけでなく、中国共産党は過去にもウイグルでは居住地区で核実験を行い、今も収容所にウイグル人を送り込んでいますし、チベットでも大虐殺を行っており、生きている人間から臓器を取り出し殺して移植する臓器ビジネスは、中国人民どころか世界の多くが知りながら暗黙の了解。世界的に悪の組織の象徴とされているナチスを完全に超えています。このウイルス拡散が未必の故意的な西側諸国に対する攻撃である可能性もゼロとは言えません。

中国は4月8日にウイルスの発生地である武漢も規制を解除して、これにより中国全土の交通封鎖は解除されました。しかしその後も都市部では小規模の区画封鎖が続き、全人代開催直後の北京や黒龍江省でも大規模な感染が確認されながら情報を封鎖するなどしつつ、世界が感染に苦しむこの機をチャンスと捉えた模様。

原油価格の下落を受けて中国は3月17日に原油輸送巨大タンカー84隻を一斉にペルシャ湾に向かわせ爆安価格で原油を確保していますし、南シナ海に建設した複数の人工島前線基地を「南沙区」「西沙区」とし、いまだ海面下にある55箇所を含めた地勢や島80カ所を命名して新たに行政区登録を発表、ベトナムがこれに反発しています。

これは、大変な話です。この海域は日本だけでなく複数の国々と中東石油地帯を結ぶライフラインです。この海域の船舶往来の自由を奪われれば、日本は中国に逆らえません。

さらに中国は130億元をかけて人民解放軍のために、93万着の通常防弾チョッキと、46万7千着の強化型防弾チョッキ合わせて140万着ほどを発注しています。解放軍のうち陸軍の現有勢力は98万人（2018年段階）のところ、これを上回る数を発注しているのは、国内での暴動鎮圧にあたる武警（人民武装警察部隊）への配布と、これまで削減を目指していながら最近再度大々的に募集している新規採用兵士の使用を織り込んでいることが理由と考えられます。

しかしこの経済的に苦しいはずの時期にこうした大勝負に出るということは、2021年の結党100周年記念式典での手柄獲得に向け、それが必要な事態を想定し計画しているからでしょう。私は沖縄が心配です。

しかし一方、中国は感染拡大前から米中貿易戦争で逼迫《ひっぱく》していたため、すでに経済悪化は致命的。加えて本稿執筆時点で歴史的大雨洪水となり、三峡ダムはいつ崩壊するのかと世界の注目を集め、そのダムのある長江上流域も下流域も水害が拡大中。

さらにバッタの大群がラオス経由で雲南省に入ってきたほか、東北地方や湖南省でも発生が確認され、このバッタはこれから繁殖期を迎えて、水害を免れた農作物を食い荒らしながら、洪水後の産卵に適した湿った土に卵を生みます。中国の食糧危機はほぼ間違いなしで、これを生き延びた中国人たちが迎える春にはこのバッタがまた大繁殖して、春に芽を出した草木を食い尽くすでしょう。

しかし、中国がこういう結果を招いたのは致し方のないこと。ウイルス発生時には日本でも自民党の二階幹事長が会派などの人脈的つながりのある全国自治体地方議員に号令をかけ備蓄のマスクを確保して中国に寄贈しましたが、中国は世界中の中華商工会や留学生を使い22億枚のマスクを確保したことを「大紀元」が伝えています。

今後は同じように中国側による政官民一体の組織的食料買い占めが容易に予想され、日本国内においても食糧危機を招かないための実効性のある対策規制と国民による媚中勢力への監視が必要です。

坂東 忠信（ばんどう ただのぶ）
宮城県生まれ。元警視庁刑事。機動隊員、北京語通訳捜査官として新宿、池袋などの警察署、警視庁本部で勤務。中国人犯罪の捜査活動に多く従事。在日韓国・朝鮮人の犯罪事情にも詳しい。2003年、勤続18年で警視庁を退職。退職後は作家としての執筆活動および保守論壇に加わっての講演活動を展開。最近の著作に『亡国の移民政策』（啓文社書房）、『移民戦争』（青林堂）がある。

第三章

中国共産党の犯罪と崩壊

危険水域にある習近平政権 2020年は転換の年になる

新型コロナ対策で李克強《りこくきょう》首相の人気は急上昇している。習近平体制の崩壊が始まった。

石平（評論家）

盤石に見える習近平の独裁政権

中国の習近平主席の政権・立場について、盤石のようだとする論調があります。

2012年11月の第18回党大会にて、胡錦濤《こきんとう》や温家宝《おんかほう》らが引退し、習近平が共産党中央委員会総書記と党中央軍事委員会主席に選出されました。さらに、翌年の3月、第12期中国共産党全国人民代表大会（全人代）で国家主席・国家中央軍事委員会主席に選出され、習近平は中国共産党、国家、軍のトップに立ち、中国の権力を完全に掌握しました。

権力を握った習主席は、まずは腐敗摘発運動に力を入れ、これを利用して政敵をつぶしていきます。共産党幹部の多くは汚職に手を染めていたため、習主席は、腐敗摘発を武器にして自分と対立する人物、自分の立場を脅かす可能性のある人物を倒し、彼の権力基盤は強化されていきます。

２０１７年の第19回中国共産党全国代表大会（党大会）では、過去5年間の反腐敗闘争について、「聖域をなくし、トラもハエもたたき、反腐敗闘争の圧倒的な状況を形成した」と評価していますが、「トラもハエも」という言葉に象徴されるように、習主席は、ハエのような小物もトラのような大物も摘発し、国民は習主席を高潔な人物として高く評価しました。

同じ党大会で、共産党の指針である党の規約に、「習近平による新時代の中国の特色ある社会主義思想」という文言を盛り込む改正案が承認されています。これにより、習主席の思想・政治理念は党の理念そのものということになり、習主席の思想・権威に反対することは、共産党に敵対するということとほぼ同義となりました。

党の規約に個人名を冠とする思想が記されたのは、毛沢東以来では、習近平のみです。鄧小平は「思想」ではなく「理論」という言葉が規約に盛り込まれましたが、習主席は毛沢東と同じ「思想」という言葉を用いています。つまり、習主席の権威は、毛沢東に並ぶものとされたのです。

翌２０１８年の全人代では憲法が改正され、それまでは2期10年までとしていた国家主

EUとのビデオ会議に出席する習近平（2020年6月22日、写真：新華社/アフロ）

席の任期の制限が撤廃され、国家主席の任期は無制限となりました。

こうして、習主席は政敵を合法的に抹殺し、毛沢東と並ぶ権威を手に入れ、国家主席の任期を無制限にして、実質的な終身独裁者といえる存在になったのです。

中国共産党の最高機関は5年に一度開催される中国共産党全国人民代表大会です。その党大会で選出された党中央委員会が職権を代行するのですが、党中央委員会も年に一度しか開かれないため、通常、党と中国の運営は、党中央委員会全体会議で選出される党中央政治局が担当します。政治局委員は現在25人が定員で、その中から7人が政治局常務委員に選ばれ、この7人が、実質的に中国の意思決定を行っています。

この政治局委員も習主席の息のかかった人物が多数派であり、現在の中国は、習近平の独裁体制となってしまっています。

習近平主席と李克強首相の因縁

習近平に対抗しうる人物としては、唯一、李克強《りこくきょう》首相（国務院総理）の名前が挙げられています。

習近平主席と李克強首相は、彼らが主席と首相になる前からのライバルでした。

習近平以前の政権は胡錦濤政権でした。胡錦濤氏は党の暗黙のルールに従い、党主席を二期10年務めた後の2012年に引退します。その路線は早くから決定していたため、2007年の党大会で、胡錦濤氏の後継者を決めるための話し合いがもたれました。

胡錦濤氏は、党の若手エリートの青年組織、共産主義青年団（共青団）の出身で、共青団派閥を率いていました。当然、彼は自分の派閥から後継者を出そうと考え、エリート幹部で子飼いのような、李克強氏を指名しようとしました。

この目論見を潰そうと考えたのが、隠然たる影響力を持っていた江沢民元国家主席です。胡錦濤政権の中では、政治局常務委員の多くが江沢民派で、江氏は、党総書記と国家主席を退いた後も圧倒的な影響力を保持し、胡錦濤氏の後継人事にも口をはさみ、対抗馬として習近平氏を担ぎ出しました。

習氏は江沢民派というわけではなかったのですが、福建省長、浙江省党委員会第一書記を務めた時代、江沢民派の党幹部たちの知遇を得て昇進し、江沢民派との深いつながりを持つようになりました。

当時、かなり激しい闘争が水面下であったようですが、結果として江沢民派が勝利し、習近平氏が後継者になることが内定します。こうして、2007年に習近平・李克強両氏は政治局常務委員となり、習近平氏の序列は李克強氏よりも上でした。2012年を迎えると、それまでの方針どおり、胡錦濤氏は引退し、習近平氏が党総書記・国家主席、李克強氏は首相に就任します。

李克強首相からすれば、約束されていたはずの党総書記・国家主席の座を、横から突然割り込んできた習近平氏に奪われたのですから、気持ちがいいわけがありません。

また、両派の約束では、国家主席と首相の二頭体制で政権を運営するはずでしたが、習主席は、李首相を政権中枢から遠ざけ、その権限を奪い、李首相を、窓際へと追いやってしまいます。

李克強首相から権限を奪った習近平主席

本質的に、この二人は肌が合わなかったようにも思えます。李克強首相は北京大学に入学し、在学中は全校学生会責任者を務め、卒業後は共産党エリートの共青団で活動し、中国青年代表団の副団長として日本にも来日しています。この時の代表団の団長が、中華全国青年連合会主席であった胡錦濤氏です。

一方、習近平主席は、文化大革命で、通っていた北京市八一学校（日本の中学校にあたる）が解散となり、一時学業を中断しています。その後、北京から地方に下放《かほう》（都市部の人間を地方の農村に送り、地方の生活と農作業を体験させる政策）されて農村で育ち、その後、模範的な党員として清華大学に推薦入学し、卒業後は地方で活動したという経歴を持っています。

都会育ちのエリートと、強制的に農村に送り込まれ、叩き上げとしてのし上がってきた二人は、思想や価値観も大きく違っていたと思われます。性格的にも、独裁的で猜疑心の強い習主席と、温和で敵を作らない李首相とでは、水と油のような違いがあります。

共産党には、中央財経領導小組（財経小組）という組織があるのですが、財経小組は党の経済方面の司令塔のような存在で、胡錦濤政権時代の組長は温家宝首相が兼任し、胡錦濤が政治と外交を担当し、経済は温家宝に任せるという形をとっていました。経済に関する権限は、首相に与えられるというのが党の暗黙のルールなのですが、習近平政権では、習主席が財経小組の組長も兼任し、李首相には、形だけ、財経小組の副組長のポストが与えられています。

2018年、財経小組とは別に中央財経委員会も設置されましたが、習主席は李首相に権限を譲ることはなく、委員会の実務は習主席の十代からの友人で、副首相の劉鶴に委員会の事務局トップのポストを与えて担当させています。

首相が経済を担当させてもらえないと、首相はほとんど何もできない状態になってしまいます。トランプ大統領が中国を訪問した時は、習主席は李首相に、大統領との会談すら許しませんでした。貿易交渉も、習主席と劉鶴副首相が担当し、李首相には出番がありません。

　このように、習主席は逆らったわけでもない李首相を冷遇し、その権限を奪い、自分の権限だけを肥大化させたのです。

李克強首相へのいじめのような冷遇

　2019年11月、武漢で新型コロナウイルスの発生が確認され、その後感染が拡大し、今年に入り世界中で感染が拡大して大騒ぎとなっています。

　共産党は、当初は楽観視していたようですが、12月、1月と有効な対策もとれないまま感染拡大が進み、重症者や死者が急増して深刻な状況となり、中国は混乱状態になりつつありました。習近平主席は、突然発生した疫病に何もできず、積極的な対策をとるどころか、逃げるような姿勢でした。

　新型コロナウイルスの感染拡大を止めることができなければ、当然担当した人間の責任となるため、彼は前面に出ることを嫌いました。

　災害などが発生すると、日本では対策本部が設置され、総理大臣が陣頭指揮を執るのですが、中国では、指導小組が設置されて対応することになります。1月25日、党政治局常務委員会は、新型肺炎に関する対策会議を開き、党中央は、「疫情対策指導小組」の設置を決定しました。

「新華社通信」から配信された当初発表では、小組の設置についてのみで、不思議なことに、そのトップが誰かは書かれていませんでした。これは、誰を責任者にするか、その時点では決められなかったからという可能性があるのですが、国の一大事なのですから、習主席がトップに就任するというのが普通でしょう。しかし、翌日の「人民日報」には、指導小組の組長は李克強首相とありました。

首相とはいえ、李氏には日本の首相のような国家のトップとしての権限はなく、習主席が最高権力者として君臨している中国では、権限も存在感もとても弱い存在です。

李首相が組長に就任したというだけではなく、副組長に王滬寧《おうこねい》の名前が挙げられていたことにも驚きました。彼は、実務家というよりは、党内きっての理論家としてイデオロギーや宣伝を担当している人物で、危機的状況に対処できる人物ではありません。

本来は、習主席が組長になるべきですが、彼は先頭に立って対処する自信も勇気もないため、李首相に責任を押し付け、同時にすべてを任せる度量もないため、自分の手下を監視のため、李首相の周囲に配置したのでしょう。

財経小組のトップを李首相から奪った習主席ですが、難しい案件への対応を迫られる疫情対策指導小組のトップには立たないというのは、卑怯な責任逃れです。

しかし、李克強首相はこれを受け入れました。1月25日に政治局常務委員会で対策会議が開かれ、26日に指導小組のトップに指名されると、その翌日の1月27日、李首相はすぐに武漢入りして現地で陣頭指揮を執っています。

この時期の武漢は、厳重な都市封鎖が実施されていて、とても危険な状況にありましたが、李首相が現地で指導している姿がメディアやインターネットで流れると、ネットは、李首相を絶賛する言葉にあふれたといいます。最高指導部で最初に武漢入りした李首相は、国民の目には、さぞかし頼もしい指導者として映ったのではないでしょうか。

一方、習主席はというと、ウイルスから逃げるように、1月7日から20日までミャンマーに外遊し、25日の政治局常務委員会では、李首相に疫情対策指導小組を押し付けたのです。

1月27日、周先旺《しゅうせんおう》武漢市長は、中国中央電視台のインタビューで、初動段階で情報隠蔽をしていたかのような状況になっていたことについて、「情報公開について、上から権限を与えられていない」と、責任は党中央にあると受け取れる回答をして話題となりました。習主席が有効な指導をしていなかったことへの批判も生まれていた時期です。

李首相を絶賛するネット世論を見て焦ったのか、習主席は、2月3日の政治局常務委員会で、取って付けたような、「私は1月7日にすでに指示を出した」という発言をし、党

貴州省の視察で住民とコミュニケーションをとる李克強（2020年7月6日、写真：新華社/アフロ）

の機関誌「求是」のウェブサイトで、その発言の全文を掲載させました。

まるで言い訳とも自己弁護ともとれる発言です。なお、習主席が武漢入りしたのは3月10日。武漢のある湖北省では、3月2日から急激に新規患者数が減り、10日には同省での新規患者数はわずかに13人となっていました。習主席は、すべてがおさまりつつある武漢に入り、まるで自分が指導したことですべてがおさまったかのような顔をします。これには、さすがの李首相も不満を持ったことでしょう。

中国ではどうにか新型コロナウイルスの感染拡大は、収束した形となりましたが、その後欧米では感染が急拡大し、死者も中国とは桁違いなレベルとなりました。欧米諸国の大混乱と比較すると、中国は短期間で収束させていますが、中国では、これが習主席の指導力によるものとして評価されています。欧米での感染拡大が、習主席を助けたような形になってしまったのですから、皮肉なものです。

習近平主席と李克強首相の壮絶なバトル

全国人民代表大会（全人代）は、毎年3月5日に開幕していましたが、今年は新型コロナウイルスの影響で延期され、5月22日に開幕しました。

全人代の開幕の日に、首相は政府活動工作報告を行うことが通例となっています。

これは、あらかじめ書かれたものを読み上げるもので、内容は、中央政府のチームが起草したものです。国務院総理（現在は李克強）と、国家主席および中国共産党中央総書記（現在はどちらも習近平）が内容を確認して最終決定しているため、李首相が読み上げたとしても、彼の言葉というわけではありません。

一方、全人代閉幕日には、必ず首相が記者会見を行い、記者からの質問も受けるのですが、こちらは事前に用意された言葉ではなく、首相自身の言葉が語られます。しかも、記者会見は中継されているので、その場で語った言葉が、その瞬間に世界中に流されるので、どんな内容であっても、隠すことはできません。

ここで、李克強首相は重大な発言をしています。5月28日の記者会見において李首相は、「中国の貧困問題は深刻で、一人あたりの年収は3万元（約45万円）で、6億人の人々は月収千元（約1万5千円）だ」と言い放ち、この発言にマスコミも中国の国民も、さらには世界中の人々が驚きました。

月収1万5千円では普通に暮らすことはできません。豚肉1キロがだいたい50～60元ですから、豚肉2キロが月収の1割ぐらいとなります。月収千元では、完全に貧困層です。

この数字は、中国の貧困の深刻さと実態を示しているのですが、問題は、中国の現実を、公式の場で首相が語ってしまったという点にあります。

習近平主席は国家主席の座についてからずっと、「脱貧困」を経済政策の看板として掲げてきました。2020年までに国民全員の脱貧困を目標としてきたのですが、李首相の発言は、それが不可能であることを暴露したのと同じで、この言葉は、習主席に反旗を翻したのと同じようなものだったのです。

もちろん、国民全員の脱貧困は現実的な目標ではありません。おそらく、習主席としては、2020年の年末あたりに、「中国は脱貧困を成し遂げた」と嘘の発表を行って自分の業績にしたかったのでしょうが、李首相の発言でそれは不可能になってしまいました。

全人代での中国の首相の言葉ですから、これはとても重いもので、取り消すことはできません。これで、習近平主席の最大の政治的業績が台無しになったのです。もっとも、中国の国民全員の脱貧困というのは、もともと実現しない完全なウソであり、業績でもなんでもないのですが。

習主席にとって大打撃となったこの発言ですが、李首相は習主席への批判も否定もしていません。ただ一つのデータ・数字を示しただけですので、李首相がこれで咎められることはありません。

露店経済を巡る攻防

前述の記者会見では李克強首相はさらに、中国の失業問題についても述べています。李首相は、「就業こそは最大の民生問題とし、ある都市（成都と推測される）で、3・6万の屋台を設置することで、一晩で10万人が就業することになった」と、屋台・露店による就業・雇用の創設の有効性を述べています。さらに、6月1日には、山東省煙台市を視察し、街角の露店主に声をかけ、「露店経済は雇用機会を生み出し、国家の活力の源である」と、「露店経済」という言葉を使い、絶賛しました。

これまで取り締まりの対象であった露店を首相が認めたということで、それ以降、中国各地で「露店ブーム」が巻き起こりました。

中国は、アメリカとの貿易戦争による関税の強化で、製造業に大きな打撃が出ています。また、新型コロナウイルスの影響で各国のサプライチェーンに悪影響が出たことや、中国への警戒感、人権問題や香港への圧力など、さまざまな理由による世界経済の「脱中国化」の動きもあり、中国での失業問題は、かなり逼迫《ひっぱく》したものとなっています。一説に、今年の春の時点で、中国では7000万人の失業者が出ていたとも伝わっています。

新型コロナウイルスによる都市封鎖は、中国国内の消費もかなり冷え込ませ、企業の倒産も多く、今や、中国の失業問題は深刻で待ったなしの状況です。李首相は「露店経済」

を、その応急処置、窮余の一策として評価しました。

露店は安定した職業ではなく、本質的な失業対策にはなりませんが、急激な失業率の上昇と長期化は、体制そのものの崩壊につながりかねませんので、一時的な急場しのぎの対策として「露店経済」を評価したのでしょう。

この「露店経済」を、習主席が潰しにかかります。6月6日、北京市の党機関紙、「北京日報」は、「露店経済は北京に相応しくない」と否定しました。中央テレビ局もこれに同調し、連日「露店経済」の問題点を並べ、「一流の都市では露店経済をすすめるべきではない」と断じ、北京市も露店の取り締まりを強化しました。当然ながら、これら官制メディアには習近平の息がかかっていますし、北京市のトップ、北京市委員会書記の蔡奇《さいき》は習近平派です。

習主席は、面子《メンツ》・見栄えを大切にする人物ですから、中国の大都市に露店があると、欧米先進国から笑われるような気がしたのでしょう。

なにより、李克強首相が言い出した「露店経済」が評価され、庶民が李首相を支持するのが、習主席にとっては我慢ができなかったのでしょう。こうして、北京市で露店が否定され取り締まられると、他の都市もこれに倣い、露店経済はつぶされてしまいました。

人々は、露店を許した李首相は真剣に失業問題を考え対策を講じていると受け取り、イメージアップにつながり、権力を使って露店での商売を奪った習主席は、庶民からは嫌われました。

李克強首相の人気が民衆の中で高まっているのは、習主席にとっては気に入らないどころか、恐怖だろうと思われます。

おそらくですが、李首相は汚職のようなことはしていませんので、習主席お得意の腐敗摘発という形では、李首相を消し去ることはできません。だからこそ、李首相は習主席に盾突くことができたのでしょう。

決して盤石ではない習近平政権

冒頭で習近平政権は安泰だと書きましたが、それは力で抑えているからであって、党や国民の全員が習主席を心から支持しているわけではありません。むしろ習主席の独裁的な手法を嫌い、さらには能力の低さに失望している人は、かなりな数になっていると思われます。習近平についていけば、共産党も中国もどうなるかわからないと絶望している人は少なくないでしょう。

その一例が、中国の大手不動産会社「華遠地産」の経営者任志強《じんしきょう》です。任氏は党幹部とつながりの深い経営者で、王岐山《おうきざん》国家副主席とは中学の同級生という人物です。

任志強は3月、名指しこそしませんでしたが、「皇帝を名乗り続ける裸の道化師」「小バカ者」などと習主席を呼び、痛烈に批判しました。彼は、中国版ツイッター「微博」に3700万人以上のフォロワーを持ち、その発言にはとても影響力がありました。そして、新型コロナウイルス対策についてネット上で批判した直後、任氏は行方不明となり、後日、彼は厳重な紀律・法律違反の容疑で、北京市西城区紀律委員会・監察委員会により、紀律審査と監察調査を受けていると発表されました。

彼は、当局により拘束されていたのです。なお、それまでの彼の投稿は削除され、「微博」のアカウントも削除されました。

清華大学の許章潤《きょしょうじゅん》教授が、党について批判を繰り返し、「個人崇拝に急ブレーキが必要だ」といった書き込みを行った後の7月6日、当局に拘束されてしまいました。ほかにも、弁護士や教授、学生、党の高官などが、習近平批判をネットで展開して当局に拘束されるという事例があり、習近平政権の足元が揺らぎ始めた前兆ではないかと噂されています。

7月3日、人民日報系の「環球時報」は、中国共産党中央委員会体外連絡部副部長の周力氏の、「外部環境の悪化に備えて六つの準備を整えよう」というタイトルの論文を掲載しました。そこでは、経済環境の悪化、周辺国との関係悪化、新型コロナウイルス、テロ、食料危機といったことを外部環境の悪化として挙げているのですが、これらはまさに習近平政権を取り巻く問題点そのものです。

なかでも、食料危機はとても大きなリスク要因の一つです。14億人の人口をかかえる中国は、言うまでもなく大量の食料輸入が必要な国ですが、経済力が落ちれば食料輸入はできなくなりますし、他国との関係性が悪くても、食料輸入は途絶えます。気象環境の変化で食料輸出国が不作となる可能性もあるでしょう。

中国でも、今年は記録的な水害が発生しており、直接的な被害はもちろん、食料生産にも大きな打撃になると予想されています。政府の応急管理部によると、7月13日の時点で被災者数3873万人、避難者数224万人というのですからおそろしい話です。また、三峡ダムが崩壊するのではといった話題も出ているようです。

アフリカから中東、アジアへと移動を続けている飛蝗《ばった》の害も無視することはできません。

外交面では、中国はアメリカとの対立だけではなく、香港国家安全維持法の制定や新型コロナウイルスへの対応の問題などもあり、ヨーロッパ諸国との関係も悪化しています。

南シナ海を巡る領土問題では、ベトナムやフィリピンなどともめていますし、日本とも尖閣諸島をめぐって軋轢《あつれき》が存在します。あちこちで敵を作っている習近平主席の外交は、完全に破綻していると言ってもいいでしょう。

これまで書いてきたように、一見盤石に見える習近平政権の実情は、共産党内部に不満分子が潜み、欧米諸外国と対立するという、内憂外患、四面楚歌といった状況で、決して安心できるものではありません。国民も共産党内部の人々も、心は習近平主席から離れつつあり、彼らは習近平と対抗できる、より開明的で穏健な指導者を求め、李克強首相が、その役割を担う人物として存在感を増しているというのが現在の中国です。

未来の教科書では2020年は、中国共産党政権の終わりの始まりの年と記されるかもしれません。今年は、中国の歴史において一つの大きな節目となる、特別な年になるように感じられます。

石平（せき へい、シー・ピン）

1962年中華人民共和国四川省成都市に生まれる。北京大学哲学部卒、神戸大学大学院文化学研究科博士課程修了。中国の政治、社会、外交、経済、日中関係に関する評論家。日本に留学中、1989年の天安門事件の中国共産党の対応を目にし、中華人民共和国との決別を決意する。2007年に日本に帰化。テレビ各局でコメンテーターを務め、鋭い視点で中国問題について論評を展開。著作多数。

中国という疫病神との交友謝絶が台湾を救った

なぜ、台湾はコロナ禍を防ぐことができたのか。その真実を明らかにする。

黄 文雄（評論家）

コロナ禍抑止の成功は疫病神との交遊謝絶による

台湾が、武漢発のウイルスの拡大抑止に成功した理由は、SARS禍の苦い体験があったことや、蔡英文内閣が若く有能なデジタル大臣・唐鳳《オードリー・タン》を起用したことなど、様々な角度から取り上げられています。

苦い経験でいえば、台湾に、終戦直後、極東軍司令官マッカーサー元帥の第一号命令で、中国国民党軍が進駐してきました。その直後、この国民党軍が持ち込んだ病原菌で、疫病が大発生したのです。このことは、SARS以上の苦い経験として、深く記憶に残っています。

台湾の若き有能なデジタル大臣・唐鳳（2017年4月12日、写真：YONHAP NEWS/アフロ）

このことを口にするのはタブーですが、台湾全土の津々浦々にしっかり残っています。中国大陸は、疫病の大陸だというイメージは、このころからできたのです。

武漢に在住している台湾のビジネスマンは日本人よりはるかに多く、約100万人と推定されています。彼らは、大陸に異様な動きがあるとすぐ察知する情報網を持っています。

だから、武漢ウイルスが発生して、すぐに台湾は対策をとりました。どの国よりも（大陸の中国が情報を隠していても）早く対応したのです。日本の福沢諭吉が開国維新早々「アジアの悪友どもと交遊謝絶」と提唱したように、台湾も武漢で、疫病発生を知ると、すぐに中国との「交遊謝絶」の策で対応したのです。

これがコロナ禍の抑止がうまくいった最大の理由だったと思います。WHOは中国の意向を忖度して、武漢発ウイルスの流行の隠蔽に協力していたと批判されています。台湾はWHOから排除され、すべての情報提供を遮断されていたことも逆に幸いしたかもしれません。中国に忖度せず、独自の判断で行動できるからです。

中国は政治が最優先の国です。1月初めに台湾総統選をひかえ、中国は、国民党候補を支持する予定でした（実際、支持した）。もし新型肺炎の流行を隠せなかったら、対立候補の民進党蔡英文候補が1000万票を突破することも予想されました。

そのためにも、中国政府は武漢発ウイルスの発生を隠蔽する必要があったのです。しかし、台湾政府は、そんなことは百も承知です。きっと台湾総統選挙後にウイルス発生の公式発表をするだろうと、読んでいました。だからこそ、先手を打ったのです。

いずれにせよ、台湾がコロナ禍の抑止に成功したのは、「厄病神との交遊謝絶」に尽きます。

台湾から見た中国の生物兵器戦

武漢発パンデミックは中国の生物兵器戦であるというウイルスの専門家からの指摘も少

なくありません。

中国政府はずうずうしくも、「世界に先駆けてコロナ禍に勝ち」、「世界から中国政府に感謝を」要求しています。しかも「マスク外交」を展開する背景には、プロパガンダの意図がありありです。

現在、中国はコロナウイルスを最初に持ち込んだのは、米軍であると主張しています。自らの非を絶対に認めず、他国の責任にしていこうとの企みです。それは、彼らに後ろめたさがあるからです。

私が今までに読んだ中国の対外戦略の文書のなかで注目しているのは、「三戦」や「超限戦」のほかに、「BC兵器攻撃」があります。とくにタカ派の軍人指揮者の中には、対米の「BC兵器攻撃」を強く訴える者がいます。

彼らは、「アメリカのネイティブインディアンは中国人だ」とか「アメリカ大陸はアングロサクソンに奪われた」と、アメリカを攻撃する根拠を挙げ、「中国のBC兵器は世界の最先頭を独走している」ので、「生物兵器を使ってアメリカを取り戻し、第二の中華をつくる」と主張する者もいます。世界から見れば、トンでも説ですが、中国ではまかり通るのです。

台湾に対しても、核や中性子爆弾を使用すべきと恫喝するだけでなく、生物兵器を実際に使う動きがあります。そして、それは、武漢発パンデミックの最中でもみられました。台湾から、中国に対してチャーター機を派遣して武漢在住の台湾人を迎えるという提案をしました。しかし、中国政府は、それを拒否し、中国政府独自のチャーター機で武漢に在住する台湾のビジネスマンを送り返したのです。なぜ、そんなことをしたのでしょうか。

その中国政府の手配した飛行機の機内には、コロナウイルス感染者1人と中国政府の公安工作者が数名いたのです。のちにそれは発見され、なんとか水際で防ぎましたが、明らかに目的は、台湾に対する疫病作戦だったのです。

現在、中国は「戦狼《せんろう》外交（過激で好戦的な外交スタイルのこと）」を展開しています。世界にコロナウイルスをどれだけばらまくか、なお不明ですが、生物兵器戦はすでにはじまっていると言っていいでしょう。

北京語をしゃべることも中国BC戦略の一つ

中国政府が、世界に対する生物兵器戦は、特別に訓練された工作人ではなく中国人観光客や留学生や「孔子学院」などを利用して、ばらまくとみられます。

彼らは普通の生活をしているだけでも、いとも簡単に目的は達成できます。食事をして、北京語を話すだけで、それは達成できるのです。

多くの人々との食事の時間をとても大切にする中国人は、グループでの食事は円卓式が基本です。特に観光客の食事は、自慢話を声高にするケースが多く、激しく口沫《こうまつ》が飛散します。円卓式の食事に参加した人全員に飛沫は降りかかるのです。

現在では、大声で話している人を見ると、多くの客は逃げてしまうので、お店のオーナーはアクリル板でテーブルをしきり、あるいは香港式の飲茶などの小皿で対応しています。そのため経費が掛かって大変ですが、武漢発ウイルスが蔓延する前は、円卓式のテーブルで、大声で話す中国人は至るところにいました。

その声に拍車をかけているのが、北京語です。北京語は飛沫を起こしやすい言語（音声言語）なのです。

中国にはもともと統一した言語はありませんでした。話す言葉を統一することは中国政府にとってとても大変なことでした。秦始皇帝が中国（天下）を統一してからすでに2000年以上も経っていますが、文字が統一できても、言語は統一することができなかったのです。官が「官語」を話して、吏が通訳を担当します。近現代になっても、孫文・蒋介石・毛沢東でさえ、中国語とされる北京語＝普通語ができませんでした。

観光バスでも全陪《バイ》（北京官語ができ、最初から最後までついているガイド）と地方語（地陪）2人がついているほどです。

20世紀に入ってから「国語・国字運動」が起きましたが、北京の漢人、南の越人、呉人、楚人と言語が違いますから、どう「統一」するかについて喧々囂々《けんけんごうごう》の論争がありました。呉人は漢人のいう北京官語を使用するのに「反対」しました。理由は、「北京官語は濁音がないから中国語ではない、ドイツのように濁音がある言語がよい」ということです。しかし、幸か不幸か、濁音のないことが、今回の武漢発パンデミックを引き起こした原因のひとつになりました。

一例を挙げますと、台湾語の拒否詞は鼻音ですが、北京語になると、強い発音の「不」（プ）となります。北京語は濁音がないため、ほとんどが息を吹き出す「有声音」の噴射音になるので、飛沫を飛び散らすということになります。

とくに、最近北京語を非常に奨励していますので、口沫が周囲一面に噴射され、新型コロナウイルスの感染拡大につながっています。

拡散の意図があるかどうかは、確証はありませんが、北京語が拡散の原因の一つであることは間違いないでしょう。

ちなみに、欧米の台湾人留学生は、大陸の中国人と誤解をされないために、マスクに「私は台湾人、中国人ではない」と書いています。台湾の言葉は北京の言葉のように飛沫を多く飛ばしたりしません。

隠蔽体質を美化する儒教

中国の隠蔽体質について、世界の非難の的にもなっています。しかし、親の悪事をかくすことは、「親孝行」のシンボルとして孔子の『論語』で教えています。国家の非道をかくすのは「忠」ですから、隠蔽することは中華の国々にとっては善行なのです。そこが「法治」国家である自由社会との決定的価値観の違いです。日本人が説く「法による支配」や「普遍的価値」等々と、中国が公然と説く「核心的利益」とはまったく価値感が対立しているのです。

古代中国には孔・孟の儒家思想や老・荘の道家思想だけでなく、己から一家言をなす諸《しょ》子百家《しひゃっか》の考えもありました。しかし、そのひとつさえ、西洋のキリスト世界、オリエントのイスラム世界、インドの世界にも影響を与えていません。

なぜでしょうか。「中華文明」は、世俗と官の文化しかなく、民の文化がありません。人の魂の糧となる精神文化がないのです。世俗的な価値しかありません。世俗的価値には、政治的価値としての権力、そして経済的価値としての銭力（カネ）しかありません。だから、他の精神文化を持つ社会にとっては、まったく魅力的ではなく、広がらなかったのです。

中国社会には、儒教文化の「勧善懲悪」と「仁義道徳」しかありません。現在、これが、共産党に破壊しつくされたと思い込む人たちも少なくありません。しかし、国共内戦後に成立した人民共和国は、この儒教思想に立脚した全体主義思想の上に、成り立っているのです。

親＝国家＝皇帝＝共産党に従うことが善であり、それに歯向かう反体制は悪である。同じく、自国に歯向かう他国は悪です。そして、それに忠誠を誓い、いかに自らを律せるかが道徳なのです。

この中国世界の思想の根源と本質を理解せずには、中国と戦後世界の動向を理解することはできません。なぜ戦後の日本文化人と言論人の多くが社会主義的社会を地上の楽園と説いてしまったのか、しかし、一方で、世界の人びとが中国の「隠蔽体質」を非とするのか、その思想を根源から理解せずに、対応を図ってはいけません。

中華思想のおしつけに日本はどう対応すべきか

「中華思想」が約3000年も前に生まれたのは、黄土高原という草原地帯に生まれた漢民族の北方民族への対抗意識からではないかと考えています。

中華思想の中に、自己中、自家中、自国中の中心思想があり、華は優越意識としての華であり、具体的には華夷《かい》思想で現れます。もちろん時代によって強弱があります。たとえば、約1000年前の宋の時代に強く現れ、明末、清初の時代に唐以上に強く現れるのは、タタール人（満州人、モンゴル人など）などの北方の脅威があったからです。

大儒学者として知られる王夫之は、仁義は人間のみに適用するものだとしています。北方民族は獣ですから、仁義は適用しません。日本人も同じく東夷ですから、「不仁」をしても、何も問題ないのです。中国人は日本人に不義をしても、痛くも痒《かゆ》くもないのです。

そのような中華思想に日本人は翻弄される必要はありません。

そんな中華思想を、習近平が「中華民族の偉大なる復興」の夢で「復興」「復活」させるのは、私からみれば、単に思考力の限界でしかありません。

ちなみに、小中華の韓国は大中華以上に中華思想が強烈です。大中華が、日本に「正しい歴史認識」の押し付けをして、それが「有効」だとわかると、すぐにマネします。ただし、小中華には限界があります。いくら「歴史の立て直し」と「歴史を修正」しても、中華の歴代王朝は「天下一国主義」ですから、しょせん「中華古代王朝」にとって、小中華は属国にすぎません。どれだけ、「歴史を修正」しても天下覇権はとれません。

中国の歴代王朝は、前王朝を打倒して作られたものです。そのため、現王朝はその正当性を得るために歴史を偽造します。さらに、中華思想は、その自国中を守るために、どうしても他の国との歴史の偽造せざるを得なくなります。

「日本軍の暴挙」とよく言われますが、そのプロパガンダは、たいてい中国史を台本に創作したものが多いのです。たとえば「南京大虐殺」を例にしても、中国の王朝交替史の中で行われた「帝都大虐殺」を元にしたものです。南朝時代に約10回にのぼる「南京大虐殺」が行われました。南朝の梁《りょう》武帝時代に行われた大虐殺によって「三呉（南京中心）地方の漢の遺民」は、ほとんど消えたと伝わっています。生き残っていた女子も北朝へ奴隷として売り渡されたと書かれ、漢人の種の絶滅について記録されています。

満州事変から日中戦争の間のわずかな7年間に、水害と干ばつなどの死者は、全中国人口の4分の3にも上りました。この異常事態に西洋列強はほとんど逃げていったのですが、日本だけが列強としての道義的、人道的救済で残ったのです。

そして、日米戦争に負けたために、「人民共和国」政府から「侵略」と責任をなすりつけられることになります。それは、中華思想によって自らだけを華の優越民族として肯定する中国に、日本人が思いやりをもったためだと私は思います。

中華思想の持ち主とは、付き合わないのが一番です。

いまのところ台湾に対する「武力行使」はしていないが……

米中貿易経済戦争で、中国の世界最大の通商国家としてのアキレス腱が明らかにされました。そして、武漢発パンデミックでサプライチェーンが寸断、通商国家として存立条件が危うくなりました。誰から見ても、まさしく泣き面にハチです。

さらに、そのパンデミック後に、中国の大地を襲ったのは大洪水です。中国は、約2000年前から山河の崩壊が周期的に襲い、流民や災民が大地をさまよったのです。人民共和国が樹立してから作ったダムの約8万個が崩壊し、砂のダムになりました。李鵬首相時代に利権を使って作った三峡ダムも崩壊に瀕しています。

現在の中国は湖沢が干上がり、大河川が断流、大気や河川、そして海洋の汚染、大地の砂漠化、土地の重金属汚染などで、大地は徐々に地獄化しつつあります。

習近平一派は、上海閥が鄧少平一派をつぶした方法をマネして、その上海閥をつぶし、言論統制を強い、デジタルで人民管理までしても、決して万全ではありません。習近平たちは江沢民や胡錦濤時代の高度経済成長期とはちがって、簡単に経済成長はできません。しかし、8％の成長率を守らないと人民を食べさせることができません。ましてや米中貿易経済戦争につづく武漢発パンデミック、さらに水害に襲われ、経済は成長できる要素がありませんから、政治や軍事以外には、習近平たちは、もはや八方塞がりです。

中国の軍事による対台湾威力恫喝は、民進党系の資料によると、2000年までに1000件にのぼっていました。中国の軍事力はすでに台湾をはるかに上回っています。しかも、約2000基を超える台湾向けのミサイルもあり、核恫喝も絶えません。

しかし、いまのところ中国は台湾に対する「武力行使」は断行していません。なぜでしょうか。それは、かりに武力を行使したら、GDPの約20%が必要になるからです。台湾の後ろにはアメリカが控えており、「台湾関係法」もありますから、それだけの費用が掛かります。

いまの中国はすでに世界最大の通商国家となり、すべてのエネルギー資源は、輸入にたよっています。だからこそ、安定が最大の課題となっています。また、戦争をするなら、速攻終結が必要不可欠となり、もし長期戦となると、共倒れの可能性も避けられないからです。

中国は、台湾の国民党の政権獲得を支援し期待しています。しかし、国民党は、内外の情勢から「国共合作」の党是を言うことができません。そして、国民党の総統候補、韓国《かんこく》瑜《ゆ》高雄市長の負けっぷりは吃驚仰天《きっきょうぎょうてん》でした。

817万票vs550万票の270万票の差です。台湾人の心はすでに中国から離れています。もしアメリカのトランプ大統領が再選すれば、台湾に対する武力行使は絶望的になるでしょう。

しかし、もし中国が戦争を仕掛けるのであれば、いましかありません。アメリカも新型

台湾総統選挙で勝利した蔡英文（2020年1月11日、写真：ロイター/アフロ）

コロナウイルスでヨタヨタになっています。いましか、一気に攻めて、一気に落とすことはできません。武漢発パンデミックのさなかにある中国軍部の動きを見ますと、『史記』の呉越の争いを彷彿とさせます。相手の不意・不幸を攻めるは中国の常套手段なのです。

コロナ禍の対応に成功した民主主義国家台湾の意味

武漢発パンデミックがなおも拡散しています。しかも第二波、第三波は必ずやってくると言われています。しかし、「中国のコロナ禍のクリアはすでに成功」「中国に感謝を」という笛を吹かれれば、躍り出す日本の言論人がいます。

やがて「パックス・シニカの時代」がやってくるなどを論旨とする言論も少なくありません。

西洋の著名な思想家スピノザは、未来には必然的未来と偶然的な未来の2つがあるといいます。私は、未来には、待てばくる未来と自分でつくる未来があると考えています。日本というある程度恵まれた環境でそのまま社会の変化についていけばやってくる未来もあるでしょう。一方、たとえば先端の科学などを駆使して、社会にインパクト与える新機軸や独創的創意工夫で、自分の未来をつくることもできます。

ではパンデミックの後の世界はいったいどこまで変わっていくのでしょうか。その予想はむずかしいですが、もうV字回復という未来はこない、これからまったく新しい世界になると私は考えています。

パンデミック後の世界予想については、もう国全体のGDPで考えることに意味はないと思います。都市と農村、都市と都市、格差がジニ係数（社会における所得の不平等さを測る指標）のレッドラインを超えている国のGDP分析は、はたして意味があるのでしょうか。特に中国がそうです。

ミニ国家や都市国家の豊かさが、GDP大国を超えている時代です。GDP大国の経済力や軍事力の突出を強調することについて、私は疑問がつきません。

そもそも台湾は風土病と伝染病の島として、中国からも瘴癘《しょうれい》の島、日本からも鬼ヶ島として忌みきらわれていました。そもそも人が住めない島だったのを、日本が住める島にしたのが日清戦争後の史実です。

しかし、台湾から「先輩よ！　しっかりしろ」とまで言われるのはなぜでしょうか。見つめ直すときなのだと思います。

黄 文雄（こう ぶんゆう）

1938年、台湾生まれ。1964年来日。早稲田大学商学部卒業、明治大学大学院修士課程修了。『中国の没落』（台湾・前衛出版社）が大反響を呼び、評論家活動へ。1994年、巫永福《ふえいふく》文明評論賞、台湾ペンクラブ賞受賞。日本、中国、韓国など東アジア情勢を文明史の視点から分析し、高く評価されている。主な著書に『新型肺炎感染爆発と中国の真実』（徳間書店）、『親日派！「蔡英文」　新台湾総統誕生で日本はどう変わるか』（宝島社）など多数。

中華思想は変わらない！　とても危険な習近平の中国

中国の歴史偽造の実態と精神構造を歴史家の井沢元彦氏に聞いた。

インタビュー／井沢元彦（作家・歴史家）　聞き手／編集部（小林大作）

チベットの民俗信仰まで歪めた中国

編集部（以下、編集）　日本に限らず、各国が直面している中国の歴史の偽造についてお話をお伺いしたいと思います。

井沢元彦氏（以下、井沢）　国としての体《てい》を失ってしまったのがチベットです。チベットは完全に独立国でしたが、それを中国共産党政権が成立してから、チベット侵攻という形で取り込んで、自治区にしてしまいました。領土みたいなものです。

しかも、彼らの民族信仰の根幹を破壊しています。チベットのダライ・ラマは現世の皇帝ではありませんが、国教の根幹であり、チベット仏教最大の尊い存在です。しかも、その存在は、独特の宗教的方法で後継者を見つけていました。それが、彼らの歴史です。

そのチベットの明らかな歴史を無視して、中国は勝手に後継者を指名し、なおかつ、その後継者を普通の市民として遇することによって、チベットという国の特別性をなくそうとしているのです。これは明らかに歴史介入、歴史侵略です。

日本にたとえれば、天皇を普通の存在にしてしまおうということです。それについて、中国共産党は、われわれは科学でやっている、合理的にやっていると言うことでしょうが、それは、やはりおかしい。

そもそも、中国国内においても歴史歪曲を綿々とやってきています。文化大革命が一番の問題と思います。

正確な数ははっきりしませんが、数千万人を殺したと言われています。つまり、中国共産党の方針に沿わなかった人間を、それだけ殺しているにもかかわらず、国内ではそれをいいことだったと教えています。これこそ最大の歴史歪曲です。

そして、中国共産党の独裁に抗議する天安門事件は、国外に向けては暴動と宣伝し、国内では天安門事件そのものを検索しようと思ってもできない。それを調べようとすると、弾圧がかかるということです。

つまり、中国共産党が唯一正しく、立派なことをやってきたとするために、それを否定する歴史はすべて歪めているのです。

共産党の正当性を担保する嘘をつき続ける

井沢　そもそも中国共産党は自らの正当性を主張する最大の根拠として、悪辣な日本軍を追い払ったからだと説明します。そのため、日本軍の悪辣さを最大限強調しなくてはならなくなっています。日本は中国を侵略しましたが、それはあくまで植民地として中国を活用するためだったのです。そのためには、そこの人たちを殺してはいけない。たとえば、南京という都市の人間をすべて虐殺したら、それは廃墟になってしまうので、なんのために力を入れて手に入れたかわからなくなってしまいます。

ところが、中国では、共産党の公式訳かどうかわかりませんが、「ホロコースト・イン・南京」と言っています。ホロコーストといえば、他国も含めて、皆、非難するだろうといった非常に浅薄な考え方ですが、そう命名しています。

ホロコーストは、戦争のときに偶発的に起こってしまうジェノサイド＝大虐殺とはまったく違います。ホロコーストは、アドルフ・ヒトラーというとんでもない男とそれに従うナチスドイツが、ユダヤ民族をこの世から絶滅させるために行ったものです。

仮に南京で虐殺が行われたとしても、日本人には、中国人を皆殺しにする意図は、まったくありませんでした。ホロコーストがそもそも歴史歪曲です。

南京での戦闘行為に伴う民間人の犠牲者がゼロだったなどとは、私も言いませんが、それは、あくまで戦争の遂行途中における偶発的な事故であって、意図的なものではありません。それをホロコーストという、ナチスドイツがユダヤ民族を絶滅するために仕掛けたものと同じ言葉を使うのは、そもそも歴史認識の誤りです。そして、それを中国人の子どもたちに教えているわけですから、明らかに歴史歪曲です。

歴史歪曲の理由は、先に話したように、その悪辣な日本軍国主義を倒した、中国共産党軍の正当性を主張するためですが、日本を倒したのは中国共産党ではありません。日本が負けた相手は連合国の一員である中華民国軍＝国民党です。

そのあとに国共内戦があって、国民党に共産党が勝ったから、いまの中国は共産党の支配下にあるわけです。だから、これも歴史歪曲です。

ちなみに、中国の天安門広場に行くと、毛沢東の像が飾ってあって、英雄の扱いを受けています。これも歴史歪曲です。歴史上もっとも中国人に害毒を与えた人間は誰かと言うと、中国人である毛沢東です。日本軍国主義ではありません。文化大革命だけで、先に話したとおり何千万人も殺しています。

しかし、それを明らかにすると、自分たちの最初のリーダーである毛沢東を貶《おとし》め、ひいては中国共産党の権威を貶めることになるので、歪曲せざるを得ないのです。

朝貢関係にあった韓国に領土を主張する根拠はあるが……

編集　韓国との間に歴史歪曲はないのでしょうか？

井沢　韓国に限らず、中国の他国に対する認識は朝貢関係です。日本でも卑弥呼の時代、あるいは雄略天皇あたりの時代には、中国皇帝に、あなたの家来にしてくださいということで貢ぎ物を差し出し、その見返りに日本国王として認めてもらっていました。

国王は皇帝の下にあるものです。これは世界史学者の怠慢ですが、イギリスの「KING」を訳すときに国王を使ってはいけなかったのです。国王はあくまで、東洋史、東アジアの概念です。国王は中国皇帝の家臣である周辺国家の首長という意味です。

だからこそ、われわれ日本民族は、中国の家来じゃないということで、あるときから

「天皇」を名乗るようになったのです。聖徳太子の時代、7世紀ぐらいに、中国皇帝の家来を意味する国王と名乗ることに決別しています。

ところが、朝鮮半島の国家は、三国時代から、新羅《しらぎ》、高麗《こうらい》、そして李氏朝鮮まで国王だったわけです。朝鮮という、チョソンという言葉も中国が名付け親です。だから、いまの韓国は、英訳にはチョソンは使わないで、高麗（Ｋｏｒｅａ）を使っています。

だから、中国から見ると朝鮮半島はずっと、わが中国の属国であったとなります。領土などの主張には、まったく根拠がないわけではありません。もちろん、韓国は、そういうことを言われれば反発しますが。

そこで問題なのが琉球王国です。琉球王国も明治までは、日本の支配も受けていますが、建前としては琉球王国で、その首長は琉球国王です。中国の皇帝から任命されていました。中国の理屈からすると、いま沖縄と言っていますが、もともとは、我々の領土だと言うことができます。

ただし、近代になってから日本は沖縄県を完全に領有していますし、第二次世界大戦以降の国境線は確定しています。だから、古代のことを持ち出して、あれは我々の領土だったと言うのは、そもそも歴史認識がおかしいのです。

それは、たとえばイギリスが、いまのアメリカに対して、「あれ、もともとうちの植民地じゃねぇか」と言うのと同じで、独立宣言があったということを、無視することになります。

中国は領土を拡張したいのです。大中国という考え方で、中国は世界の中心であって、ほかはすべて野蛮な国家であるというのが、彼らの基本思想です。トランプのアメリカファースト以上に中国ファーストです。

漢語の多くは日本人の西周《にしあまね》らが作った

編集　ベトナムとも揉めていますよね。

井沢　ひとことで言えば中華思想ということになります。ベトナムも昔、国王でした。中国からしてみれば、おまえのところも貢ぎ物を持って来て、俺のところへ頭下げて、判子もらって喜んでいたじゃないかと、何を今更、文句言うんだみたいな感覚でしょう。

確かに、中国は、欧米列強が台頭する前、明《みん》の時代の15〜16世紀ぐらいまでは世界一の大国でした。特にアジアにおいては、日本を除いて、各国が中国様様《さまさま》で、土下座していたわけですから、その思いが忘れられないのでしょう。

それと中華思想との関係で、中国にもう一つあるのは、おまえたち、俺たちの文字を使っているじゃないかという思いです。漢字です。しかし、そこがまた、歴史歪曲です。

例えば、共産、哲学、理想、能動、本能、意識、命題、演繹法・帰納法の演繹、帰納、芸術、技術、抽象、権利、心理学など、これらの漢語は、9割ぐらいが江戸後期から明治にかけて活躍した思想家である日本人の西周《にしあまね》らが作ったものです。中国人ではない。

中国は、海外の文化を本気で取り入れる気がないから、西洋の文物を取り入れるときは、当て字でした。たとえば、ケミストリー（Chemistry）という言葉があります。化学です。これを、中国では、「舎密（せいみ）」と言っていました。漢字を見ただけでは何のことかわからない。

ところが日本人は、漢字の意味は全部わかっているし、西洋の力もわかっているから、漢語を作ることができたのです。

中国は、日本人が作った漢語を使って、その恩恵にあずかっているのに、そのことを言いません。自分たちが、まるで作ったようなふりをしています。これも中華思想で、中国がいちばん正しく優れているから、ほかに学ぶものなしという発想です。

朱子学を根っこに持つ共産主義に人間の平等はない

井沢　中華思想の骨格は朱子学です。中国人の頑《かたく》な姿勢の中にある、いまは共産主義に見えますけれど、その根本にあるのは朱子学です。朱子学と共産主義の共通点は、まず、自分が絶対正しいと思うことです。他から学ぶことはしない。人の意見は聞かないということです。

朱子学は人間の能力に差があるということを大前提にしています。昔から中国の宮廷では、必ず試験で優秀な人間を抜擢していました。これは一見素晴らしいことのように見えます。農民の子どもでも試験に合格すれば、高級官僚になれます。

しかし、この試験の根底にあるのは、人間には優秀な人間と、そうじゃない人間がいるということです。平等では絶対ないと。だから、それを何とかして見つけ出すために試験をするのです。

ただし、そのような考えは、〝人間は根本的に平等なんだ〟という民主主義の思想が世界に普及してから、過去のものとなったはずですが、中国だけには、いまも残っています。

だから、選ばれたエリートが愚かな大衆を指導する、前衛（指導者）としての中国共産党が出てくる基盤になるのです。一人一票という平等はあり得ないという朱子学の基本的

習近平が下放時代を過ごした中国北西部の陝西省・梁家河村にある洞窟住宅（2011年10月18日、写真：AP/アフロ）

考え方は、共産主義でも同じです。

人間には、必ず上下関係があるというのが共産党の前提ですから、共産党員同士でも信用できません。特にいまの主席である習近平は下放《かほう》されました。

まじめに勉強しているところ、いきなり取っ捕まって農村に送られて本も読めず、もちろんテレビやラジオも聞けなくて朝から晩まで強制労働です。それがいつ終わるかわからないという、とんでもない目に遭わされた人間なのです。

それは、大変気の毒なことですが、歴史家として言えば、こういう人間は絶対指導者になってはいけません。なぜなら、他の人を信用できなくなります。そういう人の多くは独裁権力を築いて、自分を脅かそうとするものは必ず排除するという発想になりがちです。

そもそも、彼がなぜ下放されたかというと、それは知識階級よりも農業のほうが素晴らしいという、農本主義の考えからです。これが毛沢東主義の根幹です。そして、この思想をもっとも忠実に守ったのが、カンボジア共産党のポル・ポトで、人口800万人の国で、主に知識階級の人たちを400万人も虐殺したのです。

私は、このような中華思想が根幹にあり、民主主義感覚のない中国が、しかも、人口が多くて強大な力を持ってきたわけで、これが、とんでもないことにならないかと危惧しています。

共産主義は、毛沢東も、ポル・ポトも、そしてスターリンも同胞を大量に殺しています。敵の国民を殺したならまだしも、なぜ同胞を殺したのか。北朝鮮という共産主義国家でも、そういうことが行われています。共産主義そのものが持つ、致命的な欠点なのです。

下放を経験した習近平に民主主義の選択は無理

編集　しかし、世界各国は民主主義の国が大多数です。中華思想のまま中国が存在することは大変リスクがあるのではないでしょうか？

井沢　われわれはそう思います。世界に民主主義国家が大多数なのに、香港で見られるような民主主義を弾圧するようなことをしていいのかと。でも、彼らには民主主義の伝統はありません。そもそも、彼らにとって民主主義は悪です。習近平の政敵に権利を与えることになります。

民主主義の素晴らしさは、自分と意見が反対の人に、同じ権利を与えるところにあります。古くは、モンテスキューが言った「たとえ私があなたの意見に反対であっても、あなたがその意見を述べる権利を、私は尊重する」と、これは不朽の名言なのですが、民主主義の真髄はそこにあります。

ところが、彼らにはそれがわかりません。ましてや、かつて下放というひどい目に遭った習近平は、政治権力をうっかり渡すと、自分の家族がそうなるかもしれないと戦々恐々なのです。絶対渡しません。相手を殺してでも渡しません。

そのセンスはもう、200年以上も前のものだけれど、問題は、その何百年も前のセンスを持った権力者が、いまこの地球上のいちばん大きな国家の首長であるということです。それがいちばん怖いことなのです。

唯一の希望は海外で学んだ学生たち

編集　習近平が何年後に亡くなって、新たな世代になったとしても、それは変わらないものですか？

井沢　多少希望があるのは、中国いま、一つだけいいことをしています。北朝鮮との違いは、国民を外に出しているということです。たとえば、アメリカで学んでいる若い学生もいます。

アメリカで学んでいる若い学生の中には、共産党ガチガチの人間もいるだろうけれど、民主主義社会の素晴らしさを学んでいる人もいるわけです。

中国本土に帰ると、天安門事件を検索することもできないですが、アメリカにいる中国人学生は自由にできます。そうすると、だんだん、「あれっ、香港人の言っていることがまともだな」とか思う若い世代が増えてくるでしょう。そこに希望はあります。

中国人は、いま、言論の自由はないけれども、旅行の自由はあります。旅行の自由があるということは、いったん外国に出れば、どんな本でも読めるということです。そこから変わっていく可能性はあります。

1911年に辛亥《しんがい》革命を起こした孫文《そんぶん》は外国育ちです。外国で教育を受けた人間や留学生などが増えて、一世代、二世代経てば、中国共産党のやっていることは時代遅れだなと気がつく人たちが、どんどん増えていくでしょう。

その希望はあります。そして、それが唯一の希望です。

井沢 元彦（いざわ もとひこ）
作家、1954年2月、愛知県名古屋生まれ。早稲田大学法学部卒業後、TBSに入社。報道局社会部の記者時代に『猿丸幻視行』で第26回江戸川乱歩賞を受賞。「逆説の日本史」シリーズは累計500万部の超ベスト&ロングセラーとなっている。現在、新たなライフワークとして『逆説の世界史』を刊行中。

中国に世界は激怒している

2020年8月21日　第1刷発行

著　者　　渡邉哲也　宮崎正弘
　　　　　石平　ケント・ギルバート他
発行人　　蓮見清一
発行所　　株式会社宝島社
〒102-8388
東京都千代田区一番町25番地
電話　営業　03-3234-4621
　　　編集　03-3239-0927
https://tkj.jp
印刷・製本　サンケイ総合印刷株式会社

ISBN978-4-299-00826-8